*Eine Liebeserklärung ans Gärtnern*
Der verwilderte Großstadtgarten mit Kiefernbestand und Sandboden interessierte Gabriele Frydrych nicht die Bohne. Aber dann wuchsen aus den lustlos verbuddelten Discount-Blumenzwiebeln tatsächlich Schneeglöckchen und Narzissen; Rotkehlchen und Meisen flogen auf ihren Frühstückstisch. Und spätestens, als eine Fuchsfamilie das Gelände eroberte, war es um Frau Frydrych geschehen. Ihr Werkeln im Garten blieb nicht unbemerkt, und so standen der Garten-Novizin bald die lieben Nachbarn auch ungefragt mit guten Ratschlägen zur Seite, etwa der Ästhet mit eigenem Gärtner oder der kleine Naturforscher Till. Und auch ihre Ökofreundin Sabine, die ihre Schnecken einzeln in den Wald bringt, übernahm willig die Rolle des schlechten Gewissens.
Humorvoll und mit bestechend genauer Beobachtungsgabe erzählt Gabriele Frydrych von Pflanzen, Tieren und dem Mikrokosmos ihrer Siedlung – für alle Gartenliebhaber und die, die es noch werden wollen.

*Gabriele Frydrych* schreibt Kolumnen für ›Landlust‹ und ›Kraut und Rüben‹. Zudem veröffentlicht sie Glossen über ihre Erfahrungen als Lehrerin an Berliner Brennpunktschulen, u. a. für die ›Süddeutsche Zeitung‹ und den ›Berliner Tagesspiegel‹.

1 Unkraut jäten? Ohne mich! 7

2 Der erste Winter 17

3 Schwarze Fingernägel, ehrliche Arbeit 29

4 Ein Herz für Meisen 41

5 Es hat mich erwischt! 47

6 Gut dressiert 61

7 Kein Idyll ohne Nachbarn 71

8 Störenfriede und Quälgeister 85

9 Dschungelpatrouille in Aktion 93

10 Randale im Starenkasten 103

11 Die große Ornithologin 113

12 Niedliche Nager 135

13 Die Jagd nach dem perfekten Foto 147

14 Achtung, Halbstarke unterwegs! 161

15 Der Mann im Garten 179

16 Schwere Trennungsarbeit 199

17 Hier wächst eh nichts 211

18 Zu Hause ist es am schönsten! 227

19 Arbeitseinsatz im Schulgarten 243

# 1

## *Unkraut jäten? Ohne mich!*

»Endlich kümmert sich mal jemand um diesen Garten!«

Ein Herr im seidenen Morgenrock steht am Zaun und sieht mir wohlwollend zu, wie ich Umzugskartons, Wäscheständer und Stehlampen schleppe. Um den Garten kümmern? Was meint er damit? Die Wildnis hinter unserem Hexenhaus? Die vielen Kiefern, Hecken und Misthaufen? Ich lächle milde und stelle mich als neue Nachbarin vor. Dezent flechte ich ein, dass ich beruflich völlig ausgelastet bin, genauso wie mein Mann. Auch am Wochenende verwachsen wir mit unseren Schreibtischen und korrigieren Klausuren, Tests, Aufsätze, Erörterungen, Diktate und Essays, bis wir, entnervt von all den inhaltlich-stilistischen Ungeheuerlichkeiten, vom Rotstift zum Rotwein wechseln und kaputt ins Bett fallen. Vom Gärtnern habe ich übrigens keine Ahnung. Ich habe auch nicht vor, das zu ändern. Wenn ich mal Freizeit habe, gehe ich lieber ins Theater – und nicht zum Kompostsieben. Ich beabsichtige auch nicht, in einem müffelnden Bio-Eimer Küchenabfälle zu sammeln und benutzte Filtertüten als Düngemittel zu verwenden. Was soll ich damit hier auch düngen? Den Löwenzahnbestand? Die Brennnesselkolonien?

»Warum sind Sie dann überhaupt hierhergezogen?«, steht im Stirnrunzeln meines neuen Nachbarn.

»Das kann ich Ihnen genau erklären«, antwortet mein leicht mokanter Gesichtsausdruck.

In der Berliner Innenstadt lebt es sich wunderbar, solange man jeden Abend eine neue Kneipe kennenlernen möchte. Aber irgendwann nervt es, wenn man auf der Suche nach einem Parkplatz ewig durchs Viertel fahren muss. Oder man plant gleich eine halbe Stunde Fußweg bis nach Hause ein, zusammen mit Bücherstapeln, Einkaufstüten und Sporttaschen. In den letzten Monaten bin ich deshalb mit all meinem Reisegepäck mit der U-Bahn zur Schule gefahren. Irgendwann hat man einfach keine Lust mehr, mit Getränkekisten, Gemüse und Brot vier Treppen hochzusteigen. Irgendwann gehen einem auch die grölenden Kieztouristen auf den Geist, die nachts um drei noch ausgesprochen gut gelaunt gegen Laternen und Hauswände pinkeln. Irgendwann findet man es auch nicht mehr lustig, wenn liebe Mitmenschen ihre Sofas, Fernseher und Kühlschränke einfach vorm Haus an den Straßenrand stellen.

Mein Mann und ich wollten einfach weg aus der Innenstadt. In ein kleines Eigenheim, wo man nachts noch Klavier spielen, laut Rolling Stones hören oder Wäsche waschen kann, ohne dass es jemanden stört. Wo man nicht mehr den chronischen Raucherhusten des Nachbarn durch die Wand hört oder die anderen seltsamen Geräusche, die er beim Duschen produziert. Der Traum vom eigenen Garten hat uns nicht unbedingt verfolgt. Radieschen, Tulpen und Erdbeeren kann man auch auf dem Markt kaufen.

»Unser neuer Nachbar denkt wirklich, dass ich nichts Besseres zu tun habe, als unsere Brache in ein landschaftliches Idyll zu verwandeln«, erzähle ich spöttisch meinem Mann.

»Och, das wäre wirklich ganz schön, wenn es bei uns mehr grünt und blüht und etwas gepflegter aussieht. Du hast doch so einen Hang zu Natur, Tier und Umwelt«, fällt mir mein Mann in den Rücken, »gerade heute habe ich gelesen, dass Gartenarbeit etwas sehr Heilsames und Spirituelles hat.« Er holt irgend so eine Postwurfsendung und zitiert daraus: »Das Einebnen des Bodens kann eine beruhigende Wirkung haben. Das Säen nährt die Vorfreude auf Neues. Wenn du die Pflanzen beim Wachsen beobachtest, kannst du über deinen eigenen Platz im Leben nachdenken. – Mit intensiver Gartenarbeit brauchst du vorm Korrigieren kein autogenes Training mehr«, behauptet er.

»Geh du doch Unkraut jäten, wenn das so heilsam ist«, entgegne ich und enteile ins Internet. Mein Mann will aber auch nicht im Garten meditieren, sondern lieber bei der *Sportschau*. Ich werde ganz sicher nicht im Erdreich wühlen und Unkraut zupfen! Vielleicht, wenn ich pensioniert bin.

Unser Hexenhaus steht in einem ehemaligen Waldgebiet. Wald in Berlin bedeutet: jede Menge Sand, jede Menge Kiefern. In unserem Garten stehen allein 13 davon. Und fünf Baumstümpfe im Gelände zeugen davon, dass es einst noch mehr waren. Unter den Bäumen wächst, was auch im Wald so vor sich hin wächst – wenn man nicht dagegen ankämpft. Ich stehe auf der Terrasse Aug in Aug mit Brennnesseln, Farn und Gestrüpp in allen Formen und Farben.

Unser neuer Nachbar bietet uns freundlich Unterstützung an: »Ich könnte mit Ihnen ins Gartencenter fahren und Sie beraten. Das mache ich wirklich gern! Sie brauchen unbedingt ein paar Büsche, zum Beispiel hier.« Er zeigt auf unsere Dreckecke, in der sich alte Zweige, Kiefernnadeln und Laub auf einem Haufen treffen. Auch wenn mein Mann und ich Gartenarbeit nicht lieben, müssen wir hin und wieder die Wege fegen, damit wir vom Haus aus zur Garage, zum Briefkasten und zur Mülltonne gelangen. Der Nachbar entpuppt sich als Ästhet, der nicht gern vom Frühstückstisch aus auf unseren Gartenabfall schaut. Ich weiß gar nicht, warum er sich mit seinen Ideen so intensiv an mich wendet. Bekommen Frauen eher ein schlechtes Gewissen und räumen deshalb die alten Äste und Eimer wirklich weg? Meinen Mann beeindruckt es nicht sehr, dass der Nachbar sich an unserer »Gartengestaltung« stört. Als sich in den nächsten zwei Monaten bei uns nichts Entscheidendes verändert, außer dass der Dreckhaufen weiter wächst, steht der Nachbar mal wieder im seidenen Morgenrock am Zaun und lästert: »Na, so ein rustikaler Garten hat ja auch was!«

Er kann gut reden. Seinen Landschaftspark pflegen zwei Gärtner. Er selbst muss keinen Finger krumm machen. Nur wenn er Anweisungen gibt und zeigt, was abgeschnitten, hochgebunden und eingegraben werden soll. Manchmal krieche ich frühmorgens durchs Brombeergestrüpp und schaue heimlich über den Zaun. Der Nachbar ist wirklich ein Ästhet. Sein Garten ist genauso geschnitten wie unserer, aber er wirkt dreimal so groß. Bei ihm sind raffinierte Lenné'sche Sichtachsen eingebaut, was immer das ist. Malerische Büsche und Zierpflanzen umgeben Sitzecken mit zierlichem Gartenmobiliar. Eine bronzene Statue steht an einem leise plätschernden Brunnen, alte Wagenräder und Mühlsteine ruhen an den Bäumen. Rosen ranken an schmiedeeisernen Gittern. Jedes Detail ist liebevoll erdacht. Man könnte neidisch werden, wenn man den sattgrünen Rasen sieht. Bei uns gibt es nur so etwas Steppenartiges mit Moos, Gänseblümchen und vereinzelten Grasbüscheln und viele platt getrampelte braune Flecken.

»Ihr müsstet den Rasen mal vertikutieren«, sagt meine Ökofreundin Sabine bei ihrer ersten Inspektion. Ich lasse mir erklären, was Vertikutieren ist, und delegiere diese eher unerfreuliche Aufgabe sofort an meinen Mann. Aber der gibt vor, an den diesjährigen Abituraufgaben zu sitzen. »Ich wusste gar nicht, dass Abiturienten jetzt auch Kreuzworträtsel lösen müssen«, lästere ich, als ich seine »Arbeitsunterlagen« sehe. In diesem Jahr wird sich die rasenartige Steppenlandschaft hinter unserem Haus vermutlich nicht ändern.

Der Ästhet von nebenan wehrt sich mit Schilfmatten und Bambus gegen die optischen Belästigungen ringsum. Hinter seinem Grundstück wohnt eine große Familie, deren Garten als Stellfläche für alles dient, was im Haus keinen Platz findet: alte Fahrräder, Schubkarren, Töpfe, rostiges Werkzeug, kindshohe Holzeisenbahnen, ein Trampolin und ein trojanisches Pferd. Irgendwann zieht der Ästhet auch eine Schilfmatte zu unserer Seite ein, weil die Holzreste und Müllsäcke vor seinem Frühstückstisch immer noch nicht verschwunden sind. Ich habe ein schlechtes Gewissen …

Als der erste Sommer im neuen Heim sich neigt, beginnt in den Gärten ringsum hektische Betriebsamkeit. Kein Tag vergeht, an dem nicht gehackt, gehäckselt und gemäht wird. In den hohen Kiefern klettern grüne Männlein mit Sturzhelmen und Seilen herum, sägen Äste ab oder fällen ganze Bäume. Wenn so ein Kiefernast im Herbststurm auf Autos oder gar auf Köpfe fällt, kann das teuer werden. Wer sich nicht regelmäßig um sein Totholz kümmert, bekommt von der Haftpflichtversicherung im Notfall keinen Cent. Eine nervige Geräuschkulisse, wenn man am Schreibtisch sitzt und Semesterarbeiten lesen muss. Irgendjemand schleift seine Türen und Fenster, woanders werden Gehwegplatten zerklopft und Holzplatten zurechtgesägt. Nachbarinnen tragen Haufen von Ranken und Ästen herum, stopfen ihre Rosenbüsche in Plastiksäcke und rufen ihren Männern laute Kommandos zu: »Schatz, der Laubsack muss noch vor die Tür!« – »Schatz, kannst du bitte mal den Häcksler holen?« Das Kosewort »Schatz« kann wie ein Peitschenhieb klingen, wenn der Gatte nicht spurt. Nervös warte ich darauf, dass jemand so einen nervigen Laubbläser zum Einsatz bringt, aber hier im Viertel wird noch per Hand geharkt.

Meine Ökofreundin Sabine schenkt mir einen großen Sack Blumenzwiebeln aus dem Naturversand: »Die musst du aber einsetzen, bevor der Boden friert!« Pflichtschuldig begebe ich mich in unsere Wildnis und suche nach freien Stellen. Das ist nicht so leicht. In allen Beeten liegen kniehoch Kiefernnadeln und Kiefernzapfen – Kienäppel nennt sie der Berliner. Dass es Beete sein sollen, erkennt man an den alten Steinen, die so eine Art Einfassung bilden. Ansonsten herrscht Wildwuchs, versetzt mit Büscheln gelber Blumen. Denen scheint es in diesem Garten zu gefallen.

Ich suche Werkzeug. Im alten Schuppen lagert alles, was im Laufe des letzten Jahrhunderts aus dem Weg geräumt wurde. Ich finde ein seltsames Gerät mit Bohrvorrichtung. »Die Spitze der Blumenzwiebel muss nach oben zeigen«, hat mich meine Ökofreundin Sabine belehrt. Sie weiß, dass ich keine Ahnung habe. Schon in der Schule war mir das Pflanzenbestimmen in Biologie ein Rätsel. Während meine Klassenkameraden in Windeseile durch Flussdiagramme eilten und heraufanden, dass sie fleischfarbenes Knabenkraut oder Wiesenkümmel vor sich hatten, grübelte ich noch über Blütenstand und Blattform.

Mit meinem Bohrgerät begebe ich mich in den Garten. Im Erdreich finde ich jede Menge Wurzeln: armdicke behaarte, kleine zerfranste, kahle und verzweigte. Kann ich die einfach abhacken? Nachher geht die riesige Kiefer zur Linken ein? Oder ich kappe die Ausläufer vom Rhododendron? Einige Gewächse hier im Garten scheinen ja mal absichtlich gepflanzt worden zu sein. Ich versenke die Blumenzwiebeln zwischen Wurzeln, urzeitlichem Gestein und merkwürdigen Ballen.

»Willst du Blumen, die nach unten wachsen? Du hast die Zwiebeln falsch rum eingegraben!«

Wer spricht da? Mein schlechtes Gewissen? Ich schaue

hoch. Nebenan sind ein paar Bretter zu einer Art Riesen-nisthöhle zusammengefügt. Darin sitzt etwas Buntes mit einem Fernglas und beobachtet mich.

»Wer bist du denn?«, frage ich.

Aus dem Baum steigt ein bunt gekleidetes Kind nach un-ten. Es ist höchstens sechs Jahre alt. Es kommt an den Zaun und reicht mir ein Glas: »Ich bin Till, der Entomologe.«

»Ento-was?« Ich hatte zwar in der Schule viele Jahre lang Latein und Altgriechisch, aber so ein Wort kam bei Homer oder Cäsar nicht vor.

»Entomologe. Das ist ein Insektenforscher.« Till zeigt auf das Glas. Darin sitzt eine dicke, behaarte Spinne. Ich finde Spinnen interessant, aber nicht unbedingt niedlich. »Du kannst durch den Deckel schauen. Da ist eine Lupe drin.« Durch das Vergrößerungsglas wirkt die Spinne rie-sig. Mir scheint, sie wetzt ihre Zähne. »Sehr hübsch. Wie heißt denn deine Spinne?«

»Das ist eine Winkelspinne. Willst du mal einen Amei-senlöwen sehen?«

Ich kenne Ameisenbären aus dem Zoo, aber Ameisen-löwen? »Darfst du so was als Haustier halten?«

Till schaut mich nachsichtig an. »Das ist eine Larve, kein Haustier. Hier im Sand hat sie Trichter gebaut. Wenn eine Ameise da entlangläuft, rutscht sie ab und wird gefressen.« Der Ameisenlöwe zieht es heute allerdings vor, nicht in Erscheinung zu treten.

»Ich muss jetzt rein, Mittag essen«, sagt Till. »Vielleicht werde ich später Käferdoktor.«

Viele meiner Oberschüler ekeln sich vor Insekten. Ich muss sie meist massiv davon abhalten, alles plattzumachen, was in ihrer Nähe kriecht, fliegt und krabbelt. Ich halte immer noch das Glas mit der dicken Winkelspinne in der Hand. Ich lasse sie hinter unserem Schuppen frei und vertraue darauf, dass sie auf das Nachbargrundstück flieht. Dann räume ich Schaufel und Hacke zurück zum Gerümpel und vergesse meinen gärtnerischen Eifer ganz schnell wieder.

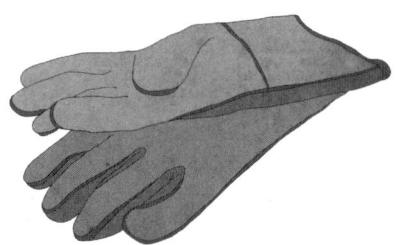

## 2

### *Der erste Winter*

Der Winter offenbart, was der Sommer mit üppigem Grün verhüllt hat: wie nah die nächsten Nachbarn sind. Alle Hecken und Büsche sind jetzt kahl, die Kletterpflanzen erfroren. Mein Blick fällt ungehindert auf schiefe Zäune und seltsame Anbauten. Selbst der Ästhet von nebenan dreht uns eine unansehnliche Schuppenrückseite zu. Vorn sieht sein Schuppen wie ein nostalgisches Badehäuschen aus: weiße Holzplanken und verschnörkelte blaue Fensterrahmen. »Vorne hui und hinten pfui«, würde meine Mutter sagen. Leider sehe ich von meinem Schreibtisch aus nur das »Pfui« und zwei Gartenstühle, die hinterm Schuppen auf bessere Zeiten warten.

Schön wird der kahle Garten erst, als der erste Schnee fällt. Am Morgen ziehe ich die Gardinen beiseite, um mich an der unberührten Landschaft zu erfreuen. Unberührt? Wenn ich noch im Bett liege, tobt hier das Leben! Überall im Schnee sind Tierspuren. Auf der Terrasse haben Amseln das jungfräuliche Weiß entfernt. Auf der Suche nach Futter scharren sie überall. Die anderen Spuren sehen nach Vierbeinern aus. Im Internet findet die Anfängerin im Fährtenlesen jede Menge Fotos und Skizzen von Fußabdrücken. So eine Skizze drucke ich aus und wandere damit durch den Garten. Für mich sieht im Schnee eigentlich alles gleich aus: Hund, Katze, Fuchs oder Marder. Ich finde einen Braunbärenabdruck. Behauptet meine Skizze. Aber ein Bär in Berlin? Der auf einem Bein hüpft? Schwer vorstellbar.

Zu meinen raren Gartenaktivitäten zählt, dass ich im Herbst ein winziges Vogelhaus an eine Kiefer gehängt habe, Produktbezeichnung »*Early Bird*«. Also eigentlich hat es mein Mann dorthin gedübelt. Ich will kleine Singvögel anlocken. Tauben und Krähen gibt es in der Großstadt schon genug. Im Drogeriemarkt erwerbe ich Meisenknödel im Dreierpack und Streufutter in großen Vorratspackungen. Ein paar Spatzen schauen mal kurz vorbei. Am Abend ist das Futterhaus immer noch voll. Die Vögel hier scheinen verwöhnt zu sein. Sie werden in jedem Garten gefüttert. Dort hängen nicht so schlichte Futterhäuser wie bei mir, sondern schöne bunte Gebilde, in Form von kleinen Gartenlauben und Postkästen. Das Futter der Nachbarschaft stammt auch nicht aus dem Drogeriemarkt, wie ich herausfinde, sondern von speziellen Versandhäusern oder wird per Hand aus Nüssen und Fett zubereitet.

Egal, ob aus dem Baumarkt oder vom Naturversand: In den Tüten mit Vogelfutter erwirbt man bisweilen mehr als Getreideflocken und Rosinen. Das merke ich leider erst, als im Frühjahr seltsame Flugobjekte durchs Wohnzimmer flattern. Glücklicherweise findet man im Internet alles Wissenswerte und noch viel mehr! Bei uns haben sich Lebensmittelmotten angesiedelt. Ein paar Maden verstecken sich noch im Vogelfutter, die anderen sind längst unterwegs im Haus und suchen sich warme Nischen zum Verpuppen. Mit Pheromonfallen kann man ein paar Männchen erlegen, die Weibchen sind längst dabei, ihren Nachwuchs fachgerecht unterzubringen.

Mein Mann grollt. Er will keine Insekten im Wohnbereich. Ich entsorge das Vogelfutter in der Mülltonne und lese hinterher, ich hätte den Mottennachwuchs erst einfrieren oder erwärmen sollen. Jetzt leben die lieben Tierchen ungehindert auf der Mülldeponie weiter. Ich lese, dass man gegen diese Motten Schlupfwespen einsetzen kann. Die Wespen sind ganz findig darin, die Mottenbrut aufzuspüren und zu vernichten. Aber was macht man anschließend mit den vielen Schlupfwespen? Mit denen möchte ich auch nicht zusammenleben.

Der Naturschutzbund propagiert einen Vogelzähltag. Ich stelle mich mit einem Notizblock an die Terrassentür. Nach einer Stunde habe ich 72 Spatzen und 35 Kohlmeisen gezählt. Ein ornithologisch versierter Nachbar spottet: Sicher hätte ich ständig dieselben Vögel gezählt. Insgesamt hätte ich bestenfalls zehn Vögel im Garten. Alle anderen sind nämlich bei ihm: Schwanz-, Hauben- und Tannenmeisen, Seidenschwänze, Perltaucher, Kronenkraniche, Erlenzeisige, Bergfinken, Waldbaumläufer und Gartenbaumläufer. Na gut, das mit den Kronenkranichen ist übertrieben. Die wohnen in Berlin nur im Zoo.

Ich sehe im Bestimmungsbuch nach und frage mich, wie man Wald- und Gartenbaumläufer überhaupt unterscheiden kann. Vermutlich nimmt mein Nachbar mit einem Peilgerät das Piepsen auf und lässt es durch sein Stimmerkennungsprogramm laufen. Das hat er bei eBay ersteigert. Normalerweise ortet und identifiziert die CIA damit verdächtige Anrufer.

Die Artenvielfalt zwei Häuser weiter macht mich neidisch. Nach langem Insistieren habe ich Erfolg: Der Nachbar leiht mir den Katalog seines Naturversandhauses. Zwanzig Seiten allein über individuell gefertigte Nistkästen! Sogar für Eichhörnchen und Fledermäuse. Manche Nistkästen gibt es auch als Bausatz zum Aussägen und Anmalen.

Als Sättigungsbeilagen kann man alle Arten von Nüssen bestellen, sortiert oder gemischt, vorgebröselt oder im Stück, mit Fett oder Honig paniert. Vollwertsaatgut aus Afrika, Asien und Brandenburg, mit Kalorienangabe, aber garantiert ohne Ambrosia-Samen. Energierollen aus Fett in rosa, gelb und grau. Je nach Vogelart mit getrockneten Mücken, Mehlwürmern und Waldbeeren. Diese Leckerbissen werden auf multifunktionalen Futtertischen serviert: mit eingebauter Wasserstelle, Regenschirm und Schutzgitter. Da muss die Katze draußen bleiben! Die Säule »Silver Birdie« bietet 20 Vögeln gleichzeitig Platz. Sollte sich ein Waschbär oder eine neugierige Nachbarin hierhin verirren, schließen sich die Futterluken automatisch. Ich bestelle 15 Kilo »Rotkehlchendelikatessen« und freue mich, dass ich den Nachbarn damit ein paar Vögel abspenstig machen kann. Vorher überprüfe ich das Vogelfutter mit einer Lupe auf Madenbefall.

»Sieh mal, so viele Spatzen! Einer hat sogar einen roten Bauch«, staunt mein Mann beim Frühstück, als er das Gewimmel draußen entdeckt. Er kennt zwar die Vielfalt von Pfälzer Blut- und Leberwurst, aber nicht die von Gartenvögeln. Ich bringe ihm erst mal Grünling und Buchfink bei, bevor ich ihn mit Kleiber und Bergfink konfrontiere.

In gebührendem Abstand lauert die Katze von gegenüber. Sie ahnt irgendwie, dass ich ihr Treiben in Bezug auf Vögel nicht billige, und trollt sich, wenn ich sie nur scharf ansehe. Einmal habe ich sie erwischt, als sie oben auf dem Futterhäuschen saß. Mein schriller Schrei ist ihr anscheinend im Gedächtnis geblieben.

Beim Kauf des winzigen Futterhauses »*Early Bird*« habe ich allerdings die übrigen Gartenbewohner unterschätzt. Die Amseln landen – nach mehreren Anläufen – zielsicher auf Haferflocken und Rosinen und verteidigen zänkisch ihre Beute. Die Eichelhäher brauchen ein wenig länger für ihre artistischen Bemühungen. Sie landen zunächst auf dem Dach, und unter ihrem Gewicht wackelt und kippt das Futterhaus bedrohlich. Schließlich hängen sie sich im Klimmzug dran und stecken nur den Kopf ins Haus. Immer, wenn das Futterhäuschen völlig schief in den Angeln hängt, war mit Sicherheit ein Eichelhäher zugange.

Eines Morgens hat sich ein Eichhörnchen ins Futterhaus reingequetscht und füllt sich den Magen. Als ich näher komme, faucht es wütend und rennt einen Meter den Baum hoch. Dort hängt es kopfüber und wartet, dass ich wieder verschwinde.

In den nächsten Tagen lege ich ihm ganze Walnüsse hin. Kaum habe ich mich entfernt, hat das Eichhörnchen sie sich schon gekrallt. Aus dem Efeu hört man Säge- und Feilgeräusche. Da nagt das Eichhörnchen gerade eine Nuss auf. Mein Zahnarzt rät davon ab ... Die leeren Schalen lässt es mir vor die Füße fallen. Die eine oder andere Nuss vergräbt es auch. Die finde ich im Frühjahr vermodert irgendwo im Garten.

Im Naturversand gibt es spezielle Futterstationen für Eichhörnchen: Holzkistchen mit Fenster. Da kann das Eichhörnchen schon von außen sehen, ob was Passendes drin ist. Das Kistchen hat einen Deckel, der erst geöffnet werden muss. So eine Art Intelligenztest für Eichhörnchen. Wenn es dort nichts mehr zu holen gibt, sitzt das Eichhörnchen am Fenstergitter vor meinem Schreibtisch und benagt mit Inbrunst den Meisenknödel.

Klaut das Eichhörnchen auch die »Energieblöcke«, die auf dem Terrassenboden stehen? Das sind Plastikschachteln mit einer Art Fettklumpen darin, damit die Vögel bei der Kälte ordentlich was auf die Rippen bekommen. (Haben Vögel Rippen? Ich muss mal den Ornithologen in der Nachbarschaft fragen. Er ist eigentlich Kriminalbeamter, aber in jeder freien Minute beschäftigt er sich mit Geflügel und Gefieder. Er hat die teuersten Ferngläser, mit denen er einen Zeisig auf zehn Kilometer Entfernung ausmachen kann.) In so einem »Energieblock« ist auch Eiweiß in Form leckerer Trockeninsekten. Die sind speziell für Rotkehlchen gedacht. Manchmal liegt der Napf morgens leer im Gebüsch. Unwahrscheinlich, dass ein Rotkehlchen ihn dorthin zerrt und im Laufe einer Nacht leer frisst. Vielleicht ein Rotkehlchen-Team? Es sind aber keine Vogelspuren im Schnee. Den Napf hat eindeutig ein Tier mit Pfoten verschleppt. Für ein Eichhörnchen oder einen Igel sind die Spuren zu groß. Außerdem müssen Igel jetzt Winterschlaf halten. Ein Waschbär? Ein Marder?? Ein Wolf??? Die leben doch jetzt wieder in Brandenburg. Und Brandenburg ist gleich um die Ecke.

In Brandenburg wohnt auch meine Ökofreundin Sabine, die Spezialistin für alle Natur- und Gartenfragen. Ihr Grundstück grenzt an einen dichten Wald. Zäune gibt es nicht. Sehr zur Freude von Rehen und Wildschweinen. Sogar Fasane schreiten durch den Garten. Die Rehe mögen Rosenknospen und Tulpenblüten. Die nicht so schmackhaften Blüten werden nur abgebissen und fallen gelassen. Die Wildschweine haben sich auf Blumenzwiebeln spezialisiert und graben auf der Suche netterweise gleich den Garten um. Meine Freundin Sabine tut keinem, wirklich keinem Tier etwas. Selbst Bremsen und Schnecken werden nur liebevoll umgesiedelt. Vielleicht glaubt Sabine an Reinkarnation? Da weiß man ja nie genau, ob sich in der Gestalt einer Stubenfliege nicht Beethoven oder Kleopatra verbirgt. Meine Ökofreundin verjagt auch den Waschbären nicht, der durch die Katzenklappe kommt. Ihr Kater findet das gar nicht gut. Das rührt den Waschbären aber nicht. Der geht in die Küche und sucht das Knäckebrot. Es rührt ihn auch nicht, dass im Türrahmen Menschen stehen und ihm ergriffen zusehen. Im Sommer führt der Waschbär seine ganze Familie in die Stachelbeeren. Damit erspart er meiner Freundin das Marmeladekochen. Sie hat jetzt allerdings eine der Katzenklappen zugenagelt, damit der Waschbär den betagten Kater nicht überfällt.

Trotz aller Naturkenntnisse weiß meine Ökofreundin Sabine auch nicht, welcher Vierbeiner bei uns fettiges Vogelfutter klaut. Durch systematische Beobachtungen stelle ich fest, dass der »Energieblock« gegen Mitternacht verschwindet. Ein-, zweimal setze ich mich ins dunkle Wohnzimmer, um den Dieb zu ertappen. Mein Mann murrt, weil er nicht im Dunkeln sitzen will. Aber er gibt sich geschlagen und geht mit seinem Schachcomputer ein Stockwerk höher. Von oben nölt die Computerstimme: »Sind – Sie – sicher?« Oder: »Schach – matt!«

Draußen strahlt der Vollmond, die Solarleuchten im Garten flackern noch ein wenig. Ab und zu schaukelt ein Ast im Wind. Ansonsten geschieht: nichts. Nach einer Stunde gehe ich resigniert ins Bett. Als ich morgens zur Arbeit fahre, ist das Vogelfutter wieder weg. Die leere Schachtel liegt im Gartenpark des Ästheten. Um die Beziehung nicht zu gefährden, ziehe ich das Plastikteil mit einem Ast zu mir herüber.

So viel Fett ist auf Dauer ungesund! Egal, wer es zu sich nimmt. Ich verstecke das Vogelfutter abends unter einem Eimer. Am nächsten Tag ist der Eimer umgeworfen, der Plastiknapf ist halb geleert. Wer macht so was?

»Kauf dir doch eine Wildkamera!«, spottet meine Schwester. Sie spottet noch mehr, als ich mir so ein Ding zulege: »Denk an den Datenschutz! Nicht, dass du heimlich die Nachbarn filmst!«

Wildkameras gibt es in diversen Formen und Preislagen. Sie sind in militärischen Tarnfarben gehalten, damit Hirsche und Elche sie nicht bemerken. In erster Linie sind sie für Jäger gedacht. Man kann sie am »Kirrungsplatz« oder an der »Luderstelle« aufhängen. Kirre? Luder? Nein, nicht, was Sie jetzt denken! Am »Kirrungsplatz« legen Jäger vegetarisches Futter aus. Und haben irgendwann ein bösartiges Reh vor der Flinte. An der »Luderstelle« soll ein totes Tier die Fleischfresser anlocken, etwa Geier und Hyänen. Ach nee, Hyänen gibt es ja nicht in Deutschland.

»Du bist doch Linguist«, sage ich zu meinem Mann. »Was haben eigentlich Boxenluder und Partyluder, die wehrlose Männer kirre machen, mit Aas und Jagd zu tun?«

Mein Mann nickt: »Ja, das ist ein schönes Thema für eine Promotion! Das Frauenbild in der Jägersprache.«

Ich bestelle den Testsieger unter den Wildkameras, obwohl ich eigentlich keine zeitgleiche Übertragung der Fotos aufs Smartphone brauche. Die Betriebsanleitung ist erstaunlich kurz. Offensichtlich haben Jäger und Förster so wenig Lust wie ich, dicke Broschüren zu studieren, um ein Elektroteil bedienen zu können. Ich muss nur sechs Batterien einsetzen, eine Speicherkarte kaufen und den »kleinen Spion« mit einem Gurt an einen Baum schnallen. Mein Mann ist froh, dass er auf der Terrasse (vorerst!) nichts bohren und dübeln muss.

Die Kamera blinkt rot, damit ich mich nach dem Einschalten schnell entfernen kann. Trotzdem entdecke ich am nächsten Morgen vor allem Fotos von mir. Die Tagaufnahmen sind bunt und relativ scharf, die Nachtaufnahmen schwarz-weiß und sehr verhuscht.

In der nächsten Nacht hat die Kamera mehrfach unsere völlig leere Terrasse aufgenommen. Sie reagiert auf Bewegung und Körperwärme. Haben die Gartenmöbel gezuckt? »Da ist doch was!«, sagt mein Mann. Tatsächlich, auf dem letzten Bild erkennt man ganz unten am Rand den Rücken eines Tieres. Eindeutig ein Fellträger.

Ungeduldig warte ich auf die nächste Nacht. Diesmal habe ich die Kamera auf der Terrasse positioniert, genau gegenüber vom Vogelfutter. Was heißt »positioniert«? Ich habe eine halbe Stunde gebraucht, um den Gurt der Kamera im Fensterladen zu verknoten. Es gibt aus dieser Nacht genau zwei verschwommene Bilder. Darauf sind stark vergrößerte Schnürsenkel zu sehen. Die Kamera informiert mich freundlicherweise, dass sie diese Fotos um 22.13 Uhr aufgenommen hat. Dann sind es eindeutig meine Schnürsenkel. Die Kamera gibt auch die jeweilige Außentemperatur und die Mondphase an. Sie ist wind- und wasserfest. Übersteht sogar Schneeregen und Orkanböen. Wer das Vogelfutter bei zwei Grad minus geklaut hat, verrät sie allerdings nicht.

»Du hättest die Entfernung verändern müssen. Hier, an diesem Rändelrad. Die Kamera hängt viel zu dicht am Vogelfutter.« Das hätte mein Mann mir auch vorher sagen können. Mithilfe der Kamera stelle ich fest, dass er wieder bis nachts um zwei mit dem Schachcomputer gekämpft hat. Man sieht, dass im Wohnzimmer noch Licht ist. Kein Wunder, dass er so unausgeschlafen ist. Und einmal ist morgens auf einem Bild undeutlich die neugierige Nachbarin eingefangen. Sie späht über unseren Zaun. Sicher wüsste sie zu gern, an was für einem seltsamen Gerät ich mich jeden Tag zu schaffen mache. Von ihrem Fenster in der ersten Etage hat sie einen guten Überblick über vier benachbarte Gärten, Häuser und Garagen. Manchmal steigt sie sogar auf das Vordach ihres Wintergartens, um besser sehen zu können. Oder sie fährt im Schritttempo mit ihrem Auto ums Karree, um die Lage zu überprüfen. Im ersten

Kontaktgespräch mit ihr haben wir festgestellt, dass sie wirklich alles über die Nachbarschaft weiß. Und dass sie darauf brennt, ihr Wissen mit anderen zu teilen.

Till, der kleine Entomologe, findet meine Kamera sehr spannend. Ich glaube, ich weiß, was er sich zu Weihnachten wünschen wird. Da ich mit der Bildauslese noch nicht richtig zufrieden bin, rät er mir, an jedem Baum eine aufzuhängen. Die Kosten für so ein Projekt überraschen ihn dann doch ein wenig.

Nach einer Woche werde ich belohnt. Auf einem Foto ist eindeutig ein Fuchs zu erkennen. Er steht um 4.50 Uhr auf den Hinterbeinen und angelt nach einem Meisenknödel. Auf den restlichen Fotos sieht man nur Teilstücke von ihm: den buschigen Schwanz, der aus dem Bild verschwindet, die Augen als zwei helle Punkte direkt vor der Terrassentür, einen Schatten, der um mein Fahrrad herumhuscht. Netterweise hat der Fuchs direkt unter der Kamera einen Haufen hinterlassen.

Ich zeige dem Ästheten von nebenan meine Überwachungsbilder: »Sehen Sie mal, wir haben einen Fuchs im Garten. Und das mitten in der Großstadt!«

Der Ästhet winkt ab: »Den Fuchs kenne ich seit Jahren. Der hat doch schon die dritten Zähne!«

Dann ist das aber ein rüstiger Großvater! An einem Morgen im März zeigt mir die Wildkamera zwei Füchse, die im nächtlichen Garten herumlaufen. Einer wedelt freudig erregt mit dem Schwanz, der andere setzt sich dicht neben ihn und beknabbert ihn zärtlich. Da ich die Video-Sequenzen auf 30 Sekunden beschränkt habe, weiß ich leider nicht, was sie danach gemacht haben.

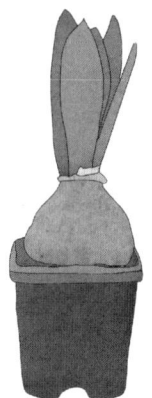

# 3

## *Schwarze Fingernägel, ehrliche Arbeit*

Ende Januar entdecke ich zwischen altem Laub, Schneeresten und Kiefernnadeln etwas Gelbes. Da hat sich tatsächlich ein einsamer Krokus durch den Dreck gebohrt! Mann, es ist doch noch mitten im Winter! Gerührt stehe ich vor dem Blümchen und verschaffe ihm ein wenig Freiheit, indem ich mit bloßen Händen Kiefernnadeln und Blätter beiseiteschiebe. Darunter kommen noch mehr junge Triebe zum Vorschein. Sind das Schneeglöckchen? Habe ich überhaupt welche gepflanzt? Ich hätte mir beim Eingraben der Blumenzwiebeln einen Lageplan zeichnen sollen!

Ich ziehe zwei alte Hosen und zwei Pullover übereinander, um bei den unwirtlichen Temperaturen meine Plantagen zu säubern. Beim Einsatz der großen Harke verschwinden nicht nur alte Blätter und abgebrochene Äste, sondern auch gleich ein paar der neuen Triebe. Mein Mann kauft mir ein Spielzeugset mit Schippchen, Kinderharke und Eimerchen. Damit knie ich mich ins Beet. In behutsamer Handarbeit lege ich Krokus für Krokus frei. Das dauert. Aber es macht Spaß.

Weniger spaßig ist, dass irgendjemand die Krokusse köpft und die Blüten einfach liegen lässt. Wer macht so was? Ich richte meine Wildkamera auf die überlebenden Krokusse und stelle abends fest, dass eine dicke Ringeltaube völlig ungerührt durchs Beet watschelt und einige zarte Blumen umknickt. Dann erscheint ein Star und zupft wütend im Beet rum. Zwei Amseln zerren an Gräsern, Halmen und Krokussen. Der Naturschutzbund erklärt mir, dass die Vögel Nistmaterial suchen. Ich solle ihnen ersatzweise Stöckchen und Heu anbieten. Warum lassen die Vögel aber die Blüten liegen und nehmen sie nicht wenigstens als Wohndekoration? Jetzt verstehe ich, warum ein paar Häuser weiter die bunten Primeln mit kleinen Schutzgittern versehen sind. Dort toben sich Spatzen-Gangs vor allem an den gelben Blüten aus. Man kann im Naturversand auch Nistmaterial kaufen. Das sind zusammengepresste Fusseln und Strickreste, die man in eine Art tönerne Glocke stopft und dann gut sichtbar aufhängt. Am selben Tag entdecken die Meisen das Fusselzeug und ziehen begeistert daran herum.

Ich knie fast jeden Nachmittag im Beet und kratze mit meiner Kinderharke herum. Die Jeans werden wahrscheinlich nie wieder richtig sauber. Mein Mann findet es witzig, mich beim Rumrutschen auf dem Boden zu fotografieren. Er kann es nicht fassen, dass ich vor irgendetwas niederknie. Der Ästhet von nebenan erscheint mal wieder am Gartenzaun und lobt meinen Eifer: »Endlich bekommen die Pflanzen ein bisschen Sauerstoff! Aber Sie müssen doch dabei nicht auf den Knien liegen. Es gibt spezielle Kissen und Bänkchen. Und vor allem ziehen Sie sich Gartenhandschuhe an!«

Ich starte zu meinem ersten Besuch im Gartencenter. Was es da alles gibt! Für jede Art Gartenarbeit die passenden Handschuhe. Aus Gummi, aus Leinen, aus Ziegenleder, aus Neopren. Rissfest, beißfest und gefühlsecht. Geblümt, kariert und nachtschwarz. Für jede Pflanze spezielle Blumenerde und Dünger. Samen für Zierrasen, Schattenrasen, Fußballfelder und Kinderspielwiesen. Geheimschränke mit Gift gegen Blattläuse, Wühlmäuse und Schnecken. Kilometerlange Gartenschläuche, mannshohe Blumenkübel und dekorative Rankhilfen. Und Blumen! Massenhaft Blumen. Ich kaufe zwei Kisten Primeln und Stiefmütterchen, 20 Tüten Blumensamen und ein grünes Schaumstoffkissen zum Knien. Es gibt auch Knieschoner, die man sich umschnallen kann. Ich wusste nicht, dass man so viel Geld für Gartenkram ausgeben kann. Und dass es nicht sinnvoll ist, schon so viele Blumen zu pflanzen, wenn eventuell noch Nachtfrost kommt. Ab jetzt höre ich täglich den Wetterbericht und packe bei Minusgraden die Primeln und Stiefmütterchen in Plastik. Meine Ökofreundin Sabine lacht, als ich ihr das erzähle. »Primeln und Stiefmütterchen sind winterfest. Denen macht Frost nichts aus.« Auch die Krokusse und Schneeglöckchen überstehen die letzten eisigen Nächte. Als es noch einmal schneit, kämpfen sie sich unverdrossen durch die Schneedecke.

Dann bricht der Frühling richtig aus. An einigen unansehnlichen Büschen erscheinen massenhaft gelbe Blüten. »Forsythien«, behauptet mein Mann. Vögel erscheinen nur noch paarweise im Garten. Auf der Terrasse picken zwei Kernbeißer, die man nur selten zu Gesicht bekommt, in den Haferflocken. Zwei Spechte jagen sich begeistert durchs Gehölz. Buchfink und Buchfinkin inspizieren gemeinsam unsere Trockenwiese. In den Kiefern führen Krähenschwärme lautstarke Hochzeitstänze auf. Frühmorgens, noch im Dunkeln, singen sich Amseln die Seele aus dem Leib. »Die Vögel brüllen so!«, beklagt sich mein Mann, als er am Sonntagmorgen von ihren Melodien aus dem Schlaf gerissen wird. Ignorant.

Ich lege alle Schulbücher und andere Psychothriller auf einen großen Haufen. Sie müssen jetzt leider warten. Ich will in den Garten! Mithilfe des Fachbuchs *Was blüht denn da?* finde ich heraus, dass in meinem Garten zwei Winterlinge gedeihen. Im Laufe der Zeit lerne ich weitere Blumen kennen: Märzenbecher, Traubenhyazinthen, Scilla, Anemonen.

Unser Vorgänger war in den letzten Jahren wohl auch kein großer Gärtner. Es gibt nur wenige Anzeichen dafür, dass das Gelände mal kultiviert war. Stattdessen jede Menge Knallerbsen, Brombeerranken und Gewächse, die ich noch nie gesehen habe. Sie schicken seltsame dürre Ausläufer und Gakel gen Himmel. Auf dem ehemaligen Waldboden wächst lauter Zeug, das eigentlich auf den Friedhof gehört: Efeu, Immergrün, Kirschlorbeer. Aber auch ein paar Rosen, Tulpenblätter und Mohnblumen haben die letzten Jahre überlebt. Und ein alter Hibiskusstrauch. Da ich nicht weiß, was hier noch so sprießt, traue ich mich nicht, rigoros umzugraben und neu zu gestalten.

Worte wie »Quecke«, »Klebkraut« und »Giersch« höre

ich zum ersten Mal. Sie sind die »Lieblinge« jedes Gärtners und haben sich bei uns viel Freiraum erobert. Man kann diese Pflanzen und Gräser abrupfen, ausgraben, zertreten, veröden und verfluchen, so viel man will. Wenn nur ein winziges Fitzelchen im Erdreich verbleibt, beginnt der Wildwuchs von vorn. Meine Schwägerin gießt deshalb erbarmungslos »Gierschtod« ins Beet. Im Strauchwerk finde ich ein paar junge Eichen. Weit und breit ist aber keine Muttereiche zu sehen. Anscheinend vergraben Eichelhäher und Eichhörnchen ihre Beute hier im Garten und vergessen sie dann. Nicht ohne Grund haben die beiden Tiere den Wortstamm »Eich-« im Gepäck. Der Ästhet weist mich fürsorglich auf zwei winzige Ahorntriebe hin: »Die müssen Sie unbedingt entfernen, solange sie noch klein sind.«

Ich erfahre, dass Ahorn eine wahre Seuche ist, sich rücksichtslos ausbreitet, verschachtelt und allen Anwohnern Licht und Sonne raubt. Wenn so ein dicker Ahorn erst einmal steht, wird man ihn so leicht nicht los! Um den Ästheten nicht zu verärgern, entferne ich die beiden Winzlinge und grabe sie auf der anderen Seite des Hauses wieder ein. Wollen doch mal sehen, wie lange so ein Riesenahorn braucht. Der Ästhet hat auch Angst, dass mein wilder Löwenzahn seine Samenfallschirme in seine Parklandschaft weht. Er borgt mir ein seltsames Gerät, mit dem man Löwenzahn samt Wurzel ausmerzen kann. Kann man aus den Blättern nicht leckeren Salat machen? Ich suche nach Rezepten. Aber mein Mann rümpft die Nase: »Bin ich etwa ein Kaninchen?«

Im Grenzbereich am Zaun stehen lauter kahle Stöcke. Da wächst nix, die sind völlig tot. Kein Trieb, keine Knospe.

Also weg damit. Auch dieses seltsame Grünzeug, das an jeder Ecke wuchert, kann um die Hälfte reduziert werden. Ich bin eifrig am Werk, hacke und schneide, was das Zeug hält. Der Misthaufen vorm Wohnzimmerfenster des Ästheten wächst und wächst. Ich werde mir zum Geburtstag einen Häcksler wünschen!

Ich könnte es ja verschweigen, aber ich bin ein ehrlicher Mensch: Aus den kahlen Stöcken wären Hortensien gewachsen. Ein paar davon habe ich übersehen. Sie blühen im Sommer in Rosa und Weiß. Aber Hortensien mag ich sowieso nicht … Das Grünzeug, das ich so drastisch reduziert habe, war Winterjasmin. Der bildet in der kalten Jahreszeit kleine gelbe Blüten im ansonsten öden Garten. »Hättest du doch was gesagt. Den hätte ich sofort genommen!«, moniert meine Ökofreundin Sabine.

Ich erzähle ihr, dass an den Seitenrändern meines Gartens ganz viel Grünzeug wächst, das zwar hübsch aussieht, aber irgendwie stinkt. »Oh, das ist Bärlauch!« Sabine will ganz viel davon haben. Sie macht daraus Pasten, Pesto und Pasteten. Ich bringe ihr einen Eimer voll mit. Aber es ist kein richtiger Bärlauch. Das Zeug heißt Wunderlauch oder Berliner Bärlauch. Man könnte es essen. Muss man aber nicht. Ich mag Zwiebel- und Knoblauchgeruch an bestimmten Speisen, aber nicht im Garten. Das Grünzeug wächst alles andere nieder. Ich versuche, es zu reduzieren. Aber für jede winzige Knolle, die ich ausgrabe, wachsen zehn neue nach. Dass sich auf der anderen Seite des Gartens jede Menge Maiglöckchen angesiedelt haben, gefällt mir viel besser.

»Man müsste auch mal den ganzen Dreck unter dem Rhododendron entfernen. Sieht irgendwie nicht schön aus«, stelle ich morgens fest. Mein Mann beschließt, dass er mit »man« nicht gemeint sein kann. Ich fülle die Mülltonne mit Laub und Kiefernnadeln. Am nächsten Tag hängen alle Blätter des Rhododendrons schlaff und welk herunter. Die Maisonne scheint kräftig. Meine kundige Freundin Sabine sagt am Telefon: »Oh mein Gott, du hast die Mulch-Schicht entfernt!« Mulch? Nie gehört. Also kippe ich das ganze Laub und die Kiefernnadeln wieder zurück und wässere die armen Büsche. Und siehe da, sie blühen wieder auf und bekommen zur Belohnung Mulch aus dem Baumarkt. Auch Lehrerinnen lernen ständig dazu.

Mir fallen Löcher in den Rhododendron-Blättern auf. Irgendwas frisst sich hier satt. Die Gartenseiten im Internet, derer es Hunderte gibt, nennen mir übereinstimmend den Dickmaulrüssler als Übeltäter. Ein netter Name für einen grauen, lichtscheuen Käfer. Seine Verwandten heißen »Pestwurzrüssler«. Nachts muss man mit der Taschenlampe an den Rhododendron treten und die Käfer absammeln. Und dann? Meine Dickmaulrüssler sind raffiniert und verstecken sich. Ich finde nur einen einzigen. Den setze ich gegenüber am Spielplatz der Grundschule aus. Ich lerne, dass es nicht nur Schädlinge, sondern auch »Nützlinge« gibt. Die kann man im Gartencenter kaufen und ins Gießwasser streuen. Winzige Larven fressen dann im Erdreich die Nachkommenschaft des Dickmaulrüsslers auf.

Im Spiegel begutachte ich meine vielen Kratzer und Schürfwunden. Mir fällt eine Kollegin ein, die ich auf der Fortbildung »Lehrer und trotzdem gesund sein« traf. Sie sah genauso ramponiert aus. »Du hast wohl eine Katze? Oder einen Garten?«, fragte ich mitfühlend. Nein, sie arbeite an einer Sonderschule mit schwer gestörten Kindern. Die würden halt manchmal kratzen und beißen. Deshalb frische sie regelmäßig ihre Tetanusimpfung auf. Das mache ich auch, seit ich in häufigem Kontakt mit Brombeeren, Zecken und Mücken stehe. Abends mosert mein Rücken. Er mag keine Gartenarbeit.

Aber die Nachbarn sehen mein Wirken mit Wohlwollen. Sie geben mir gute Ratschläge, denen meine Ökofreundin Sabine meist energisch widerspricht. Also schneide ich die eine Hälfte des verblühten Flieders ab, die andere Hälfte lasse ich dran. Ein paar Rosenzweige werden im Frühjahr gestutzt, die anderen im Herbst. Einige Stauden werden gekürzt, andere dürfen mit ihren bizarren Fruchtständen überwintern. Heftige ideologische Kämpfe gibt es ums richtige Düngemittel: Die einen empfehlen mir Blaukorn in komplizierten homöopathischen Verdünnungsformeln, die anderen Hornspäne, ein dritter schwört auf Teebeutel und Bananenschalen. In Bananenschalen seien Kalium und Magnesium, und das würden vor allem Rosen mögen. Der Ästhet von nebenan empfiehlt mir, den Komposthaufen mal zu sieben und zu verteilen. Neben dem Schuppen ist so eine Art Käfig, bis obenhin gefüllt mit allerlei Unrat. Obendrauf hat sich Efeu ausgebreitet. Wer weiß, was unser Vorgänger dort alles aufgeschichtet hat. Den Komposthaufen verdränge ich erst mal.

Schade, dass sich die Aufsätze auf meinem Schreibtisch nicht von allein korrigieren. Warum gibt es keine Heinzelmännchen mehr? Ich greife zum Rotstift. Lieber würde ich weiter im Erdreich schürfen als in den literarischen Abgründen der lieben Kleinen. »Warum haben Sie so schwarze

Fingernägel, Frau Frydrych? Haben Sie irgendwas geteert?«, fragt mich Melek am nächsten Tag in der Schule. Oh verdammt, ich habe die Arbeit mit der Wurzelbürste ausgelassen. Wie peinlich. Ich verzichte auf gestisch belebten Unterricht und verstecke meine Hände hinterm Rücken.

Mein neues Hobby befriedigt mich zutiefst. Dabei kann ich alles andere vergessen. Meine Tätigkeit führt zu schnell sichtbaren Ergebnissen. Ich kann zusehen, wie Gründünger wächst. An heißen Sommerabenden gieße ich halbtote Pflanzen und finde sie bei meinem morgendlichen Evaluationsgang straff und aufrecht vor. Mehrfach am Tag gehe ich durch den Garten und kontrolliere, was alles blüht, nachwächst und verblüht, und schreibe Protokolle, wo ich noch Blumenzwiebeln unterbringen kann.

»Ich brauche gar kein Fitness-Studio mehr. Ich habe im Garten mehr als genug Bewegung!«, erzähle ich meiner Schwester. Die warnt mich: »Warte nur, bis du aus der Arbeitshocke nicht mehr hochkommst!«

Rosenblattrollwespen auszumerzen ist allemal befriedigender, als bei Fabian aus der achten Klasse ständig dieselben Rechtschreibfehler zu verbessern. Ich habe nicht nur schmutzige Fingernägel, sondern auch schwarze Füße. Ich komme an keiner Gärtnerei vorbei, ohne ein wuchsförderndes Mittel, eine blaue Blume oder ein Samentütchen zu erwerben. Abends fühle ich mich angenehm kaputt und müde. Schade, dass man Gartenarbeit nicht einfach auf die Schule übertragen kann. Einmal kräftig gewässert, schon sind alle fit und munter. Hier ein wenig Hornspäne und Humus ins Hirn, dort ordentlich Unkraut gerupft und diverse geistige Blattläuse entfernt – und schon kann ich den Erkenntnisgewinn im Klassenraum deutlich wachsen und blühen sehen …

Leider lässt sich das nicht übertragen. Nach 30 Jahren Frondienst an Berliner »Brennpunktschulen« beantrage ich beim Schulamt eine halbe Stelle. Ich möchte mich lieber mit Baumschulen beschäftigen … Ich möchte dieses befriedigende Gefühl beim Graben, Pflanzen und Jäten im Garten ausbauen und in Ruhe beobachten, was in den Nistkästen geschieht. Mein Mann ist mit meiner Stellenreduzierung einverstanden, wenn ich dann öfter mal was koche. Ich verspreche es hoch und heilig, kreuze aber die Finger hinter dem Rücken.

# 4

## *Ein Herz für Meisen*

In Masuren haben wir vor zwei Jahren einen großen Nistkasten aus echtem Birkenholz erstanden: mit herunterge-
zogenem Sonnendach, komfortabler Doppelschwing-Sitz-
stange und Schmuckschnitzerei. Echte Handarbeit! Den
dübeln wir in unserer Stadtwohnung neben das Küchenfenster. Es kommen auch ein paar interessierte Meisen, hüpfen rein und raus und hämmern darin herum. Nur einziehen wollen sie nicht. Ein Biologie-Kollege erklärt: »Das
Einstiegsloch ist viel zu groß. Da haben die Meisen Angst,
dass ihnen größere Vögel wie Spechte ins Nest folgen.«

Aber vielleicht siedeln sich hier in unserem Garten darin Stare oder Uhus an? Wir hängen den masurischen Nistkasten an eine große Kiefer. Am nächsten Morgen schimpft
der Ästhet von nebenan: »Sie haben Ihre Leiter nachts draußen stehen lassen! Da können Sie auch gleich alle Türen
öffnen, damit die Einbrecher es leichter haben. Die klettern

mit Ihrer Leiter auch bei anderen Leuten rein!« Zerknirscht bringe ich die Leiter in den Keller zurück und schließe zweimal ab.

Es ist noch kalt draußen, aber die Sonne scheint und nicht nur die Krokusse haben Frühlingsgefühle. Etliche Vögel untersuchen den masurischen Birkenholzkasten. Meisen, Kleiber, Spechte und Stare. Wer wird wohl auf dem engen Wohnungsmarkt gewinnen?

Wir brauchen unbedingt noch kleinere Behausungen für Meisen. Aber Nistkästen sind in diesem Frühjahr Defizitposten. Im Baumarkt ausverkauft, in Gärtnereien nicht vorhanden, in Tierhandlungen schon gar nicht. Eine Verkäuferin will mir einen Papageienbrutkasten andrehen: »Der wird von Kohlmeisen sehr gern angenommen.« Das glaube ich nicht. Auch die Hamsterbruthöhle will ich nicht ausprobieren.

Meine Schwester behauptet, IKEA habe Nistkästen im Sortiment. Ehe ich durch die halbe Stadt fahre, rufe ich erst mal dort an. Es dauert, ehe ich mich zum Kundendienst vorgearbeitet habe. Erst höre ich zehnmal den aktuellen Hit von Helene Fischer, dann flötet eine Stimme: »Haben Sie eine Reklamation, drücken Sie die Eins. Wollen Sie eine Kücheneinrichtung über 20 000,– € kaufen, drücken Sie die Zwei. Haben Sie Langeweile, drücken Sie die Neun.« Nach zehn Minuten habe ich eine lebendige Mitarbeiterin vom Kundendienst in der Leitung und trage mein Anliegen vor: »Haben Sie Nistkästen vorrätig?«

Die Frau meint etwas süffisant: »Wir sind ein Einrichtungshaus. Wir verkaufen Möbel für Menschen, nicht für Tiere.« Sie ist verblüfft, als sie im Katalog »Torben-Björn«

findet, das kleine Eigenheim für unsere gefiederten Freunde. Leider ist Torben-Björn gerade nicht am Lager. Ich solle im September noch mal anrufen. »Dann brüten Meisen aber nicht mehr«, sage ich indigniert.

Auf einem Ausflug ins Umland entdecken wir auf einem Campingplatz jede Menge Nistkästen. Sie sind beschriftet mit »Arbeitsamt«, »Sozialamt«, »Rathaus«, »Kindergarten«. Wir haben leider keine Leiter dabei. Abgesehen davon, dass wir natürlich keine Nistkästen klauen!

Als der Frühling schon fast vorbei ist und sich sämtliche Vögel erfolgreich gepaart haben, finde ich in einer Kaffee-Filiale zwischen schwarzen Tangas, Barometern und Taucherglocken einen Nistkasten. Er ist aus Spannbeton, wiegt ungefähr fünf Kilo, trägt ein Gütesiegel vom Naturschutzbund und kann für Reinigungszwecke aufgeklappt werden (aber erst, wenn die Fledermaus-Nachzügler ausgeflogen sind!). Er kostet ziemlich viel, aber egal, das Einflugloch ist winzig. Genau das Passende für Blaumeisen. Aber erst einmal hängt mein Daumen darin fest. Im Taxi transportiere ich meine Beute heim.

Am nächsten Tag kommt mein Mann von einer Wochenendfahrt zurück und präsentiert mir stolz seine Mitbringsel. Er hat in Kaufhöfen und Resterampen tatsächlich zwei Nistkästen erstanden. Einen naturverbundenen aus Holz und einen aus Plastik, garantiert atmungsaktiv. Wir hängen die nächsten drei Nistkästen in die Kiefern und achten dabei immer schön auf die wettergeschützte Seite des Baumes. Am selben Abend ruft eine Freundin an, die sich unser Problem zu Herzen genommen und bei ihrer Naturschutz-

dependance einen Nistkasten gekauft hat. Einen aus Spannbeton, güteversiegelt und teuer. So schwer, dass sie ihn kaum
nach Hause schleppen konnte.

Mein Neffe kommt mit einem deutlich verwohnten Nistkasten. Den hat er seiner Nachbarin im Schrebergarten ab-
geschwatzt. Generationen von Singvögeln haben darin deutliche Spuren hinterlassen. Das Nest vom Vorjahr ist auch
noch drin, mit einem winzigen Gerippe. Ich schrubbe das
Häuschen mit heißem Wasser und hänge es in die fünfte
Kiefer.

Wenig später erscheint ein Kollege hochzufrieden mit
mehreren Nistkastenmodellen, die seine Schüler in Arbeitslehre gebastelt haben: mit Spitzdach, damit die Katzen ab-
rutschen, mit angehängter Vogeltränke, vertikalem Futter-
schlitz und integrierter Mardersperre. Alle mit Original-
Blaumeisen-Maßen: 32 Millimeter Durchschlupfhöhe. Nun
hängt wirklich an jeder Kiefer ein Nistkasten, und ich habe
Sorge, dass all die potenziellen Vogelfamilien hier genug
Futter finden. Wenn ich im Boden grabe, treffe ich nur sehr
selten auf Regenwürmer und Insekten. Der Boden ist so
mickrig und trocken, dass diese Nützlinge lieber woanders-
hin ziehen. Wenn eine Amsel tatsächlich mal einen Wurm
gefunden hat und vehement daran zieht, renne ich gleich
los, um ihr die Beute abzujagen. Mein Boden braucht dringend Regenwürmer! Mein Mann schenkt mir drei Schach-
teln voll. Die hat er im Anglerbedarfsgeschäft gefunden.
Ich setze die Würmer an geschützten Stellen im Gebüsch
aus und achte darauf, dass mir niemand dabei zusieht. Aber
eine raffinierte Amsel hat doch mitbekommen, was ich da
mache. Ich verjage sie ein paarmal in der Hoffnung, dass

sich die Regenwürmer in der Zwischenzeit ins Erdreich wühlen.

Die Nistkästen haben wir in diesem Jahr leider zu spät aufgehängt. Die Familiengründung hat längst stattgefunden. Der Ornithologe zwei Häuser weiter gibt mit seinen zehn belegten Nistkästen an. Er hat sogar ein Eigenheim für Meisen mit integrierter Kamera. So kann er stets beobachten, was die fünf Jungen alles anstellen. Ich bin neidisch. Für die nächste Saison bestelle ich im Naturversand noch spezielle Nistkästen für Rotkehlchen und für Amseln.

Das kann ich jetzt schon verraten: Die verrotten in einem Gebüsch. Da wollte nie ein Vogel einziehen. Nur die Nachbarskatze stochert bisweilen mit ihrer Pfote darin herum.

# 5

## *Es hat mich erwischt!*

Bekannte und Freunde scheinen manchmal Probleme zu haben, das passende Geschenk für mich zu finden. Bücher, die mich interessieren, besitze ich längst. Süßigkeiten und Trüffelleberwurst will ich nicht. Parfüm und anderer Kram aus der Drogerie riechen häufig so schwül und schwer, dass ich die Präsente heimlich weiterreiche. Aber es beflügelt die Fantasie der Schenkenden ungemein, dass ich seit Neuestem im Garten werkle! Ich bekomme zum Geburtstag drei Tüten lila Tulpenzwiebeln und eine Begleitbroschüre darüber, was Blumenfarben bedeuten. Lila steht nicht nur für die Frauenbewegung, sondern wirkt auch ausgleichend, beruhigend und aufmunternd. Soso.

Meine Schwester stellt feixend einen Gartenzwerg auf den Tisch, der eindeutig exhibitionistische Anwandlungen hat. Er wird neben dem Schuppen angesiedelt, Blickrichtung zur neugierigen Nachbarin. Im Katalog, den meine

Schwester mitgebracht hat, gibt es auch Putin und Merkel als Gartenzwerge, Dinosaurier, dicke Frösche, Buddhas und Engel. »Da kannst du dir schon mal was für Weihnachten aussuchen«, sagt meine Schwester. Sie empfiehlt mir den Zwerg mit Fußballfahne und Bierflasche. Oder den Vampir im schwarzen Cape. Ich hätte aber lieber den kleinen Jungen auf Seite 43, der in einen Springbrunnen pinkelt. Ein Springbrunnen im Garten wäre überhaupt toll! Leise plätscherndes Wasser beruhigt ungemein. Unser Schulleiter hat einen Zimmerspringbrunnen in seinem Büro. Querulanten aller Art, egal, ob Eltern, Schüler oder Lehrer, gehen immer mit ganz verklärtem Blick von dannen, wenn sie eine Weile neben dem winzigen Wasserfall gesessen haben. Es kann natürlich auch sein, dass die Ausstrahlung unseres Schulleiters diese Wandlung verursacht …

Der Ästhet von nebenan überreicht mir zum Geburtstag ein ziemlich antiquarisches Buch: *Wie der Gärtner, so der Garten.* Er hat sich extra einen seidenen Schlips umgebunden und schaut ganz unschuldig. Meine Ökofreundin Sabine schenkt mir ihr Standardwerk: *Die kleine Kräuterhexe.* Eine Kollegin bringt fürs Staudenbeet eine »Witwenblume«. Was will sie mir damit sagen? Dass ich ein Staudenbeet anlegen oder meinen sozialen Status ändern soll? Mein Mann schenkt mir ein Abonnement für eine dieser vielen Landidyll-Zeitschriften. Er hofft vermutlich, dass ich darin die Kochrezepte studiere: »Ländliche Roulade« oder »Omas Sauerbraten«. Er leckt sich schon die Lippen. Aber ich werde ihm einen bunten Sattelschonbezug für sein Fahrrad häkeln. Dafür gibt es inspirierende Anleitungen in der Zeitschrift. Und Tipps, was man als dekorative

Blumen- und Pflanzschalen benutzen kann: Reitstiefel, Badewannen, Waschbecken. Wir haben noch einen alten Nachttopf im Keller!

Zunächst einmal muss ich mir das nötige Fachwissen aneignen. Ich gehe in die Stadtbücherei und werde zum Regal »Gesundheit, Jagd und Garten« geschickt. Was es da alles gibt! Ich kann mich gar nicht entscheiden. *Der spirituelle Garten – wie Naturgeister uns helfen.* Ich glaube, in meinem Garten gibt es keine Elfen und Baumzwerge. Im Fachbuch *Harmonie mit Mond- und Naturrhythmen* wird je nach Mondphase gewässert, gedüngt und meditiert.

Ich stelle die Bücher *Im Garten kannst du Gott begegnen* und *Rendezvous mit meiner Seele* zurück ins Regal. Einen japanischen Ziergarten werde ich auch nicht anlegen. Ich leihe mir ein paar Bücher mit eher nüchternen Titeln aus: *Das Gartenjahr* und *Tipps für Anfänger.*

Auf unserer Terrasse blättere ich voller Vorfreude darin. Die Sonne scheint, es ist wunderbar ruhig. Mein Mann ist in der Schule, und ich habe donnerstags frei, seit ich halbtags arbeite. Alle Nachbarn sind ausgeflogen. Hoffentlich müssen sie Überstunden machen und gehen danach ganz lange shoppen! Ich könnte stundenlang hier sitzen und mir meinen zukünftigen Garten vorstellen: ein Meer von kunterbunten Blumen, das sanft im Wind schaukelt. Eine Wolke von Schmetterlingen schwebt darüber. Ich sehe einen Farbenrausch nur in Blautönen, inspiriert von der »blauen Blume« der Romantik. Oder eine Bauernwiese und jede Menge Stockrosen wie vor masurischen Bauernhäusern. Und ein schönes Glas kalten Sekt zum Sonnenuntergang.

Mir fällt erst jetzt auf, wie viele Freunde und Bekannte einen Garten bearbeiten oder eine Dachterrasse begrünen. Ich selbst hatte nur ein einziges Mal einen Balkon, der als Abstellplatz für den Ascheeimer diente. Ofenheizung im vierten Stock ist nicht romantisch.

Ich lade mich bei allen befreundeten Gärtnern zur Inspektion und Evaluation ein. Ich will ganz viel lernen! Und ein paar Ableger mitnehmen. Meine Besuche im Gartencenter arten finanziell immer so aus. Als Erstes besuche ich meinen Schulfreund Ludwig in seinem Schrebergarten. Auf den hat er lange warten müssen. Die Gartenkolonie nimmt nicht jeden Bewerber. Und der Vorstand überprüft in regelmäßigen Begehungen, ob alles seine Ordnung hat. Ob jemand verbotenerweise Hühner hält oder heimlich einen Walnussbaum gepflanzt hat.

In Ludwigs Idyll beeindruckt mich der Gartenteich mit den Goldfischen. Um den Teich herum ist ein seltsames Drahtgeflecht verlegt. »Ist das etwa Stacheldraht?«, frage ich. »Wen willst du denn damit fernhalten?«

Ludwig wirkt ein wenig verlegen. Gartenteich mit Stacheldraht ist irgendwie spießig. Und spießig wollte Ludwig nie sein, schon damals in der elften Klasse nicht. »Die wilden Katzen in der Kolonie legen sich gern zum Angeln an den Teichrand. Das wollte ich ihnen vermiesen«, erklärt er. Die Berliner Graureiher allerdings lassen sich nicht von einem Stacheldraht beeindrucken. Sie steigen mit ihren langen Beinen darüber und reduzieren den Fischbestand auch weiterhin.

Ludwig schenkt mir zum Abschied ein Glas selbstgemachte Marmelade. In seinem kleinen Reich wachsen Kirschen, Erdbeeren, Himbeeren, Birnen und Pflaumen. So was will ich auch! Nach dem Besuch kaufe ich mir im holländischen Großmarkt vier Himbeersträucher. Noch sind sie klein und zart, aber wenn ich sie ordentlich gieße und dünge, werde ich in zwei Jahren kiloweise Himbeeren ernten. Meine Ökofreundin Sabine hat Himbeerbüsche, die zweimal im Jahr tragen. Vielleicht kann ich sogar Himbeergeist für den Eigenverbrauch destillieren? Immerhin bin ich die Tochter eines Chemikers. Und schon mein tschechischer Großvater hat im Keller heimlich Schnaps gebraut. Ich freue mich auf die Ernte. Später stellt sich heraus, dass ich gelbe Himbeeren erworben habe. Die sehen – genauso wie gelbe Tomaten – irgendwie komisch aus. Im ersten Sommer produzieren die Büsche insgesamt sieben Himbeeren. Ich lasse sie sorgfältig reifen. Für Schnaps wird es allerdings nicht reichen. Eines Morgens sind die Himbeeren weg. Eine Amsel kaut noch und sieht mich frech an.

Nach Ludwig besuche ich meine Kollegin Bonnie. Sie ist Oberstudienrätin für Englisch und besucht jedes Jahr britische Parklandschaften. Dieses Jahr unternimmt sie die exklusive Tour »Berühmte Frauen und ihre Gärten«. Mit Sektempfang an jedem Besichtigungsort. Bonnie will sich von Virginia Woolf und Jane Austen inspirieren lassen. Die Namen der anderen berühmten Gärtnerinnen sagen mir nichts. Sie haben aber laut Bonnie die europäische Gartenkultur entscheidend geprägt. Bonnie führt mir ihre geometrischen Staudenbeete vor. Alle Pflanzen sind nach Größe und Farbe sortiert. Sie hat ein Labyrinth aus Buchsbaumhecken angelegt, in dessen Mitte ein steinerner Jüngling Diskus wirft. Ich finde Bonnies Heckenrosen besonders schön.

Auf dem Heimweg kaufe ich im Gartencenter ein paar Rosenstöcke und grabe sie an unserer Terrasse ein. Bald werde ich umrankt wie Dornröschen sein.

Als Slawistin müsste ich mir eigentlich einen russischen Garten zulegen. Ich suche nach Überlieferungen, was Tolstoi auf seinem Landgut »Jasnaja Poljana« angepflanzt hat, finde aber bei den Stichpunkten Säen und Ernten nur seine 13 Kinder. Soweit ich russische Gärten kenne, dienen sie in erster Linie der Selbstversorgung und nicht der Seelenfindung. Russen pflanzen Gurken, Tomaten und Weißkohl. Tomaten wären ja nicht schlecht. So alte Sorten wie Harzfeuer oder Ochsenherz. Dann lese ich, wie viel Wasser man für die Produktion einer einzigen Tomate braucht. Was für eine Verschwendung. Tomaten wird es in meinem Garten nicht geben, höchstens Petersilie.

Mein Neffe schenkt mir Hanfsamen. Er hält viel von nutzbringender Gartenwirtschaft. Das bringt meinen Mann auf die Idee, die klimatischen Verhältnisse für Tabak und Hopfen zu überprüfen. Nichts da, in meinem Garten werden keine Drogen angebaut. Konsequent entferne ich auch die zwei Mohnblumen im Beet. Sie nehmen ohnehin zu viel Platz weg.

Ich fahre zu meiner Ökofreundin Sabine ins Umland. Ich habe kein Navi in meinem alten Auto und muss an jeder zweiten Kreuzung im Plan nachsehen, wo das Gehöft liegt. Ich finde endlich den richtigen Waldweg. An einem großen Bauernhof hängt ein Plakat: »Nein, wir sind keine Reitschule! Nein, wir stellen auch keine Pferde unter! Nachfragen zwecklos.« Keine Angst, Pferde sind mir ohnehin zu groß, ich stehe mehr auf Singvögel.

Meine Freundin wohnt ein ganzes Stück hinter diesem Bauernhof in so einer Art ökologischer Kommune. Zehn Familien leben in Eigenheimen mit Lehmwänden, Kompost-Toilette und Solardach. Die Fußböden sind mit selbstgeschredderten Korken gedämmt. Eine nackte Frau im Liegestuhl winkt mich zu Sabines Haus durch. Das steht am Ende der Siedlung. Der riesige Garten geht ganz allmählich in Feld und Wald über. Fünf Schafe hinterm Zaun grüßen mit einem einmütigen »Böööh«. Sabine erwartet mich mit einem Spaten in der Hand. »Für die Ableger!« Ruckzuck gräbt sie ein riesiges Farnbüschel aus, als ich erwähne, dass ich gern so einen Dschungel möchte, wie ihn mein Nachbar hat. Innerhalb weniger Minuten habe ich drei Eimer voller Farn.

Sabines Pflanzen vermehren sich so rasant, dass die Ableger mittlerweile halb Berlin zieren. Alle ihre Freunde und Bekannten haben brandenburgischen Frauenmantel, Akelei, weiße Veilchen, Katzenminze und Kissenphlox im Garten. Sabine gräbt und gräbt, und ich schleppe meine Beute zum Auto. Als Zugabe bekomme ich Kugelprimeln, Steingartennelken, Jakobsleiter, Liebstöckel und Oregano. Hoffentlich muss ich unterwegs nicht scharf bremsen und weiß daheim noch, wie die Pflanzen alle heißen.

In Sabines Garten steckt jahrelange Arbeit. Es gibt ein weißes Beet wie bei Vita Sackville-West, ein rotes Flammenbeet und eine Orangerie für Pflanzen, damit der Oleander sich im Winter nicht erkältet. Sabine schreitet mit mir ihre Plantage ab: ein Rosenbeet, ein Schattenbeet, ein Minzestreifen, ein Lavendelfeld, ein Steinbeet, ein Kräuterbeet, ein Hochbeet, diverse Karl-Förster-Phlox-Beete, einen Bauerngarten, ein Tomatenhaus und fünf Komposthaufen. Und einen Stall mit zwei Schweinen, die aufs Wort gehorchen, weil niemand sie hier fressen will. Ich wirke ein wenig resigniert in Anbetracht meiner Brache und dieser üppigen Blumenlandschaft. Aber der Boden hier ist auch ganz anders. Feucht und schwer, mit Regenwürmern und kleinen Insekten.

»Du musst Geduld haben«, erklärt Sabine. »Man kann einem Garten nicht seinen Willen aufzwingen. Man muss ihn auch ein wenig in Ruhe lassen. Manche Pflanzen sind zickig und wachsen nicht überall. Die musst du eventuell umpflanzen.« Ob Sabine mit ihren Blumen und Bäumen spricht? Ich frage lieber nicht.

»Vorsicht!« Sabine hält mich an. Fast wäre ich auf ein Schneckenhaus getreten. Meine Freundin hebt das Tier auf, sieht nach, in welcher Richtung es unterwegs war, und setzt es in Laufrichtung im Beet ab. Sehr lieb, wenn man bedenkt, was manche Menschen mit Schnecken im Garten so alles anstellen. Die meisten Schnecken siedelt Sabine um. Sie sammelt sie in einem Eimerchen und bringt sie in den Wald. Da brauchen sie eine Weile, ehe sie zurück in den Garten finden. Als wir um eine Ecke biegen, fliegt gackernd ein Fasan hoch.

Der Ästhet von nebenan sieht zu, wie ich meine Beute aus dem Auto trage. Ich werde Wochen brauchen, um das alles einzupflanzen. »Ach, Sie mögen Farn? Hätten Sie doch was gesagt. Von mir können Sie jede Menge bekommen.« Der Gartenknecht des Ästheten bringt mir am nächsten Tag eine Schubkarre voll Farn.

Ein Freund kommt mit einem Apfelbaum vorbei. Den

hat er von seinen Skatfreunden zur Hochzeit bekommen. Von wegen: einen Baum pflanzen, einen Sohn zeugen, ein Haus bauen. Der Sohn ist in Arbeit, Haus und Garten fehlen noch, deshalb wird der Apfelbaum erst mal bei uns eingegraben. Bisher verweigert er jede Mitarbeit und produziert keine Äpfel.

»Wie hast du eigentlich deinen Garten gestaltet?«, maile ich an eine Freundin in Südschweden. Sie antwortet: »Gar nicht. Ich freue mich jedes Jahr daran, was so wächst und sich von selbst vermehrt. Wenn die Tannen vorm Fenster zu dicht wachsen, schneide ich mal einen Ast ab, aber ansonsten überlasse ich alles der Natur!« Sie schickt mir Fotos von ihrem »Garten«. Königskerzen, Sonnenblumen, Kamille und Disteln haben Treppen und Wege okkupiert. Vermutlich muss meine Freundin aus dem Fenster steigen, wenn sie das Haus verlässt. Aber ihr Urwald sieht wunderschön aus.

In der Schule finde ich mit Kollegen und Kolleginnen endlich zu fruchtbarer Teamarbeit. Wir tauschen uns über Unkraut, Mondphasen, Schädlinge und Nützlinge aus. Wir bringen uns Ableger, Knollen und Blumenzwiebeln mit. Ich komme dabei mit Menschen ins Gespräch, mit denen ich bisher kaum zu tun hatte. Kollege Bechler fährt jedes Wochenende mit einer Plastiktonne tropfenden Biomülls ins Umland. Er züchtet Gemüse. »Kartoffeln? Linda?«, fragt mein Mann gleich hochinteressiert und bekundet großes Kaufinteresse. »Nee, Kartoffeln baue ich nicht an. Mehr so traditionelles Obst, alte Tomatensorten, Möhren«, erklärt Kollege Bechler. Er bringt uns eine Schachtel Mohrrüben mit. Sie sind so dünn wie Kugelschreiber. Das Geschmackserlebnis ist auch nicht so berauschend, wenn man bedenkt, dass der Kollege dafür seinen Biomüll 150 Kilometer weit transportieren muss.

Kollegin Kant residiert auch im Umland. Ihre Wiese liegt an einem Hang, das Rasenmähen ist kompliziert. Bevor sie sich mit der Sense auf den Weg macht, borgt sie sich vom Nachbarn ein paar Schafe aus. Die fressen allerdings alles, was ihnen im Weg steht. Büsche, auf deren Existenz Kollegin Kant Wert legt, müssen deshalb vorher eingezäunt werden.

Kollegin Kern beichtet, dass sie hin und wieder im Botanischen Garten Ableger klaue und jedes Mal große Angst habe, erwischt zu werden. Ich verstehe nicht, warum sie den Kram nicht einfach beim Gärtner kauft. »Die Pflanzen im Botanischen Garten sind stabiler. Außerdem gibt es beim Gärtner keine Veilchen aus dem Kaukasus.«

Eine andere Kollegin hält in ihrem Garten Enten. Die hat sie selbst im Ausschnitt ausgebrütet. Junge Enten fixieren sich auf das Lebewesen, das sie als Erstes sehen. Kollegin Winter ist jetzt Entenmami und kann ohne ihre Jungen kaum einen Schritt tun. Als der Schulleiter auf einer Fortbildung ist, bringt sie eine Ente mit in die Schule. Zum Entzücken der Schüler läuft die ihr wie ein kleiner Hund überallhin nach. Und verziert dabei etliche Treppenstufen mit ihren Verdauungsprodukten. Einige Oberstufenschüler sind so gemein und wollen die Kollegin zum Chinesen einladen: Pekingente essen. Der Vertrauenslehrer redet ein ernstes Wort mit den Abiturienten und erinnert sie daran, dass ihnen mit dem Abschlusszeugnis eine gewisse »Reife« attestiert wird. Und so bekommt die Entenmami zur

Abiturfeier Erdbeersekt und keine Einladung zum Chinesen.

Kollegin Weidner weint, weil Wildschweine ihren Garten umgegraben haben. Sie lässt sich nicht trösten, nicht einmal damit, dass sie den Rasen nicht mehr vertikutieren müsse und jetzt alles ganz neu anlegen könne.

Wenn ich verreise, nehme ich jetzt immer ein Schippchen mit. In Bayern finde ich gelbe Taubnesseln und Goldklee. Von den Leberblümchen lasse ich selbstverständlich die Finger, die stehen unter Naturschutz. Aber irgendwo im einsamen Wald der Uckermark blühen ganz im Verborgenen Unmengen von Schneeglöckchen. Das merkt überhaupt niemand, wenn ich da ein Büschel mit nach Berlin nehme.

Ich finde eine Gartenhandlung, die nur Blumenzwiebeln verkauft. Ich glaube, so einen Kaufrausch hatte ich nicht mehr, seit vor vielen Jahren meine italienische Boutique geschlossen wurde. In diesem Herbst male ich eine Skizze, wo all die Märzenbecher und Winterlinge versenkt sind. Ich habe ungefähr 200 Krokusse eingegraben. Der Rand vom Seitenweg ist mit Farn bepflanzt. Dafür mussten gefühlte 50 Quadratmeter Efeu weichen. Ich habe Sträucher wie Feuerdorn und Spiraea angesiedelt. Statt eines Teiches fange ich erst mal mit einer Vogeltränke an. Bei dem Ornithologen zwei Häuser weiter baden und planschen die kleinen Singvögel den ganzen Tag lang. Das ist sehr niedlich. Ich weiß nicht, was an seinem Wasserbecken so Besonderes ist. Vermutlich hat er für jede Spezies spezielle Vogelpfeifen und lockt damit die Tiere in sein Planschbecken. Bei mir kommen nur die Nachbarskatze Kali zum Trinken, ein Eichhörnchen und zwei dicke Tauben.

Ein Schüler aus meiner zehnten Klasse hat eine gute Idee: »Sie haben doch jetzt einen Garten, Frau Frydrych. Da könnten wir doch mal ein Grillfest veranstalten.« Und auf meine Akelei treten, ein wenig Fußball zwischen meinen Beeten spielen? Es gelingt mir, meine Schüler in den Tiergarten umzulenken. Dort kann man auf den großen Wiesen ganz wunderbar grillen und Ball spielen.

# 6

## *Gut dressiert*

Fritz wartet auf dem Gartenzaun, als ich aus dem Auto steige, und begleitet mich bis zur Haustür. Wenn ich mit dem Fahrrad heimkomme, hüpft er auf den Korb und sieht mich auffordernd an. Er ist immer bestens darüber informiert, wo ich mich gerade aufhalte. Wenn ich im ersten Stock am Computer arbeite, setzt er sich dort aufs Balkongitter. Wenn ich in der Küche rumwerkle, schaut Fritz draußen von einem Ast aus zu. Bisweilen rennt er mir fast die Tür ein, wenn ich nicht schnell genug mit Futter antrete. Dann hockt er unterm Wohnzimmertisch oder auf der Hängelampe und wartet ungeduldig. In all meinen Hosen- und Jackentaschen befinden sich zerbröselte Nüsse. Das ist etwas peinlich, wenn ich im Theater die Garderobe abgebe und die Krümel aus meiner Jacke rieseln. Fritz mag teure Cashewnüsse.

Nein, Fritz ist kein Eichhörnchen, kein Waschbär und

keine entlaufene Meerkatze. Es ist auch nicht das Nachbarskind. Fritz ist ein Rotkehlchen. Ein besonders schönes. Manchmal betrachten mich Passanten etwas verständnislos, wenn ich wie eine Statue im Vorgarten stehe und die Hand ausstrecke. Sie wissen ja nicht, dass Fritz direkt vor mir im Rhododendron sitzt und gleich auf meine Hand fliegt. Allerdings tut er mir nie den Gefallen, unser gemeinsames Kunststück vorzuführen, wenn Zuschauer in der Nähe sind. Im Gegenteil. Kommen die Nachbarskinder dazu, reckt er misstrauisch den Kopf, steht wie ein Hubschrauber vor uns in der Luft, dreht aber ab und landet nicht. Schon gar nicht auf Kinderhänden, die immer ein wenig unruhig sind. Ich finde es rührend, dass mich der Vogel erkennt und zu niemand anderem fliegt!

Schon vorher ist mir im Wald und Park aufgefallen, dass Rotkehlchen gleichzeitig schüchtern und neugierig wirken. Sie fliegen zwar vor einem weg, aber nie sehr weit. Sie sitzen in einem Busch und warten auf irgendetwas. Sie scheinen die Nähe des Menschen zu suchen.

Ich lerne Fritz in unserem ersten Winter kennen. Der Schnee liegt so hoch, dass ich ohne Skier nicht zum Futterhäuschen im Garten komme. Also lege ich das Vogelfutter auf die überdachten Verandastufen. Für jeden etwas: Sonnenblumenkerne, Haferflocken, Rosinen, Erdnüsse. Drei zänkische Amseln stehen schon wie auf dem Hühnerhof bereit. Aber direkt vor meine Hände fliegt ein Rotkehlchen. Es zuckt und wippt nervös mit dem Schwanz. Man sieht ganz deutlich, wie schnell das Herz schlägt, aber so dicht traut sich sonst kein Vogel an mich heran. Hunger tut weh! Sozusagen unter meinem persönlichen Schutz holt es sich ein paar Nusskrümel, bevor es von größerem Geflügel vertrieben wird. Wenn ich morgens die Gardinen wegziehe, wartet es bereits auf der Terrasse. Manchmal sitzt es auch im verschneiten Rhododendron, zu einer großen Kugel aufgeplustert, sodass die Federn die Füße bedecken und wärmen.

Rotkehlchen bevorzugen Weichfutter, liest die Hobby-Ornithologin. Dieses hier will aber keine Haferflocken. Auch die gefriergetrockneten Mehlwürmer, mit denen man Rotkehlchen angeblich auf die Hand locken kann, interessieren es nicht. Es will zerbröselte Nüsse. Ich weiß gar nicht, wer hier wen dressiert. Ich bilde mir lange ein, ich würde das Rotkehlchen zähmen. Ich lege die Hand auf die Terrassenstufen und nach langem Grübeln holt es sich ein Stück Nuss. Ein paar Tage später setzt es schon einen Fuß auf meine Hand. Und im Frühling landet der Vogel auf meiner Hand. Nur ganz kurz und ganz vorsichtig. Er flattert wie ein Kolibri in der Luft. Mit der Zeit wird er mutiger. Manchmal sitzt er eine Weile auf meiner Hand und sucht sich gezielt die größten Krümel aus.

»Dein Rotkehl wartet schon«, sagt mein Mann grinsend, wenn ich morgens erscheine. Tatsächlich. Der Vogel sitzt bereits draußen auf der Veranda. Ich renne ungekämmt und im Nachthemd in den Garten und liefere Futter. »Der Vogel hat dich gut im Griff«, bemerkt mein Mann hinter seiner Zeitung. Er tut so, als finde er das alles etwas kindisch, aber sobald ich den Rücken kehre, steht er auf der Terrasse und flötet: »Na, Fritz, komm! Hol's dir!« Und der untreue Vogel fliegt doch wirklich zu ihm!

Ich habe das Rotkehlchen auf den Namen »Fritz« getauft.

Woher ich weiß, dass es ein Junge ist? Tja, auch als überzeugte Feministin bin ich nicht frei von Klischees. So frech und selbstbewusst kann nur ein Mann sein. Außerdem gibt es bei Singvögeln noch keine Frauenbewegung. Der Mann singt laut, brüstet sich und balzt rum, die Frau wartet unauffällig im Gebüsch. Sie brütet und hat die ganze Arbeit an der Backe. Gleich wird ein Aufschrei durch die Reihe der Ornithologen gehen: Manche Vogelmännchen bauen mehrere Nester, und die Gnädigste sucht sich huldvoll eins aus. Bei anderen Vogelarten brütet auch das Männchen voller Aufopferung. Beim Rotkehlchen geht es aber traditionell zu: Das Weibchen baut das Nest und das Männchen sieht zu. Immerhin füttert er später die Jungen mit.

Fritz verblüfft durch seine Neugier viele Besucher. Egal, ob es der Handwerker ist, der draußen Fenstergitter montiert und erstaunt feststellt: »Da beobachtet mich die ganze Zeit ein Vogel!« Oder ob es Besucher sind, die sich wundern, dass ein »Spatz mit roter Brust« auf der Terrasse zwischen den Kaffeetassen herumhüpft. Leider sind nicht alle Leute entzückt, wenn Fritz mal eben die Teller kontrolliert oder auf den Tassenrand hüpft. Dabei macht er doch nur ganz winzige, zierliche Kleckse … Wenn ich auf der Terrasse Zwiebeln hacke oder Spargel schäle, kommt Fritz und schaut in die Schüsseln. Von den Chili-Schoten verjage ich ihn schnell, bevor er sie probiert.

Als mein Mann und ich für zwei Wochen verreisen, befürchte ich, dass Fritz sich andere Futtermaschinen sucht. Aber kaum öffne ich nach unserer Rückkehr die Fenster, sitzt er bereits auf dem Gartentisch.

Fritz ist eine große Motivation für lange und ausführliche

Gartenarbeit. Meist erscheint er sofort, wenn er die Geräusche von Harke und Besen hört. Er wartet, dass ich winzige Insekten für ihn freilege. Manchmal nehme ich aus den Augenwinkeln nur ein Huschen wahr, so, als würde eine Maus an mir vorbeirennen. Aber dann entdecke ich Fritz im Wurzelwerk, so nah, dass ich ihn anfassen könnte. Wenn ich ihn nicht bemerke, singt er: ganz leise, aber auch laut und fordernd. Ja, ich weiß, er singt nicht für mich. Er hält sich die Revierrivalen vom Hals oder lockt Weibchen an. Oder er singt für seine Jungen. Angeblich prägen die Altvögel so deren Gesangstalent. Fritz wird mich vermutlich nicht für ein überdimensionales Rotkehlchen halten. Aber vielleicht für die Göttin Demeter?

Er liebt es, wenn ich den Gartenschlauch anstelle. Sobald das Wasser rauscht, sitzt Fritz neben mir. Will er duschen? Kommt bei Regen irgendwelches Getier nach oben? Er denkt aber nicht nur ans Fressen. Manchmal sitzt er einfach nur in meiner Nähe. Das ist so rührend, dass ich meine Schaufel sinken lasse und neben Fritz auf der Erde sitze. Auch wenn ich gerade keine Arbeitskleidung trage.

Fritz ist eitel. Er lässt sich gern fotografieren. Ich habe nur eine einfache Digitalkamera ohne Teleobjektiv. Wenn Fritz nicht nur als kleiner roter Punkt im Grünen zu sehen sein soll, muss ich ihm den Fotoapparat direkt vor den Schnabel halten. Fritz hat keine Angst vor Auslöser und Blitzlicht. Er hält geduldig still. Ich habe massenhaft Fotos: Fritz im Profil, Fritz biometrisch, Fritz auf einem Ast von schräg unten, Fritz im Blumenbeet, Fritz auf dem Gartenschlauch, Fritz auf unserer Wohnzimmerlampe. Ich produziere Hunderte reizender Rotkehlchen-Fotos. Ich fotografiere Fritz mit der rechten Hand, während er stoisch auf meiner linken sitzt. Ich fotografiere Fritz, wie er in einer Pfütze badet und anschließend sorgfältig sein Gefieder glättet. Ich fotografiere ihn, wenn er mit weit geöffnetem Schnabel seine Gesänge durchs Viertel schmettert. Immer wieder bin ich verblüfft, wie nah ich diesem Vogel kommen darf.

Alle Freunde erhalten täglich per Mail die neuesten Fotos. Manche basteln daraus Karten für Wohltätigkeitsbasare. Meine Schwester beeindruckt das zahme Rotkehlchen nicht besonders. In englischen Parks würden diese Vögel die Spaziergänger regelrecht anfallen. Das glaube ich nicht. Rotkehlchen sind vornehm, unaufdringlich und schüchtern! Das denke ich so lange, bis im Revier zwei Artgenossen auftauchen, die irgendwo gehört haben, dass es hier was zu holen gibt.

Fritz entpuppt sich als zänkisch. Wenn Kohlmeisen im Umkreis seines persönlichen Futterautomaten auftauchen, geht er sofort in den Sturzflug über und verjagt die Konkurrenz. Eine kleine Blaumeise duckt sich vor Schreck über die Attacke auf den Boden, eine deutliche Unterwerfungsgeste. Aber Fritz schießt trotzdem wie ein Torpedo auf sie zu. Besonders aggressiv wird Fritz, wenn sich die beiden Artgenossen nähern. Dann plustert er sich auf, die rote Brust schwillt an. Und sein Konkurrent macht zwei Meter weiter dasselbe. Im Fachbuch lese ich, dass Rotkehlchen streitsüchtige Einzelgänger sind und sich im extremen Einzelfall bis zum Tod bekämpfen. Sie greifen sogar Attrappen an, wenn die vorn einen roten Fleck haben. Aber doch nicht meins! Da kommt Fritz zerzaust von seiner Verfolgungsjagd zurück und hat eine Brüsche über dem

Auge. Er macht aufgeregte Knacklaute. Immerhin hat er gewonnen.

Eines Tages stellt mir Fritz seine Braut vor. Sie sitzt scheu im Gebüsch und lässt sich von ihm füttern. Anscheinend sind meine Nüsse Brautgaben. Wo sie ihr Nest bauen, verraten sie nicht. Sie schwirren immer in Richtung Nachbargarten davon. Was ich ungerecht finde. Wer füttert sie hier schließlich durch? Eine Weile lang sehe ich Fritz nicht. Hat ihn die Nachbarskatze erwischt? Der Fuchs? Ein Sperber? Ich mache mir Sorgen und patrouilliere am Tag mehrfach durch den Garten auf der Suche nach »meinem Rotkehlchen«.

Dann taucht Fritz wieder auf und wird richtig aufdringlich. Er fliegt zwischen unserer Veranda und der Terrasse des Ästheten hektisch hin und her. Wenn ich ihn nicht bemerke, landet er an einem Kiefernstamm direkt vor mir. Er kann sich wie ein Kleiber am Baum festkrallen. Als ich meiner Nachbarin ein paar neue Triebe im Beet zeige, sitzt der Vogel sofort vor meinem Zeigefinger. Manchmal fliegt er mich regelrecht an. Man hört leise Rufe im Nachbargarten und die Antwort darauf, immer aus einem anderen Gebüsch. Mittlerweile kann ich die Geräusche, die ein Rotkehlchen produziert, identifizieren. Ich erkenne seinen Gesang, seine Warn- und seine Lockrufe.

Ich folge Fritz durchs Unterholz, durch Brennnesseln und Brombeeren. Da kenne ich nichts. Abends versorge ich meine Kratzer und Schürfwunden mit Desinfektionsmitteln und Wundsalben. Nach und nach entdecke ich die jungen Rotkehlchen. Es sind insgesamt fünf. Normalerweise würde man sie überhaupt nicht sehen. Sie sitzen gut getarnt auf dem Boden zwischen lauter Blättern und Ästen. Ich stelle fest, dass sie gemeinsam hinter dem Schuppen des Ästheten schlafen. Ich schneide mir den Weg mit dem Buschmesser frei, um mich anschleichen zu können. Zunächst sehen die Jungen nur erstaunt hoch, aber schon am zweiten Tag meiner Entdeckung verkriechen sie sich tiefer im Gebüsch und verstecken sich. Erstaunlich ist, dass Fritz keine Warnrufe ausstößt, wenn ich komme. Ich bin also keine Gefahr für seine Jungen, sondern Demeter mit den Mehlwürmern, Nüssen und dem Fotoapparat. Vermutlich wundert sich Fritz nur darüber, dass ich so schlecht fliegen kann.

Fachleute müssen sich keine Sorgen machen, dass Fritz und Familie nicht artgerecht ernährt werden. Wann immer Fritz etwas fliegen oder krabbeln sieht, düst er los, um es zu fangen. Er hat erstaunlich scharfe Augen. Oft hat er Würmer und seltsames Getier im Schnabel, wenn er auf meiner Hand landet und noch ein Stück Nuss für den Nachwuchs einsammelt.

Nach ein paar Tagen folgen die Jungvögel ihren Eltern durch den Garten, wobei ich das Weibchen nur selten und nur von Weitem sehe. Ein Junges landet auf einem Gartenstuhl, sieht mich groß an und breitet sich dann direkt neben mir zum Sonnenbaden aus. Ein anderes legt sich zum selben Zweck auf den Sandweg im Garten nebenan und ahnt nicht, dass das genau die Laufbahn der verfressenen Nachbarskatze ist. Ich winke und wedle so lange am Zaun, bis es endlich wegfliegt. »Na, spielst du wieder Dschungelpatrouille?«, fragt der Gatte mit süffisantem Unterton.

Die jungen Rotkehlchen sind braun gefärbt. Erst nach und nach röten sie sich im Brustbereich, und irgendwann hat Fritz keine Lust mehr, seine gierige Brut zu füttern. Er verjagt sie oder entflieht. Kann sein, dass die zweite Brut bereits in Arbeit ist. Auf jeden Fall zählt Fritz nicht zu diesen modernen Helikopter-Eltern, die auch ihre halbstarken Kinder noch besorgt behüten und bewachen. Fritz wirkt derzeit ziemlich zerzaust und ungepflegt. Die Aufzucht und pausenlose Futtersuche ist anstrengend. Außerdem mausert er und sieht ganz ohne Schwanzfedern ramponiert aus. Die jungen Rotkehlchen vergessen mit der Zeit, dass sie Geschwister sind, und scheuchen sich durch den Garten. Sie liefern sich sogar ganz respektlos Kämpfe mit ihrem zerrupften Vater!

Auch die Jungen posieren gern für mein Fotoalbum. So kann ich genauestens dokumentieren, ab wann sie rote Federn bekommen und wie ordentliche Rotkehlchen aussehen.

Ich finde meine Vögel so einzigartig und faszinierend, dass ich meine Beobachtungen an eine Zeitschrift schicke. Fritz wird das berühmteste Rotkehlchen der Nation! Landesweit ist sein Konterfei zu bestaunen. Ich erhalte etliche Leserbriefe und Fotos. Anscheinend wohnt in jedem Garten so ein anhänglicher Vogel! Setzt sich auf Fahrräder und Gartengeräte, wohnt im Gewächshaus und singt Opernarien. Zwei Freundinnen schenken mir zum Geburtstag das gleiche Buch. Darin berichtet eine Frau, wie sie ein krankes Rotkehlchen einsammelt, ein Jahr lang pflegt und sich von ihm erziehen lässt, bevor sie es wieder in die Freiheit entlässt. Ihr Vogel präferiert bestimmte Radiosender und ist sehr eigenwillig.

Eines Tages erscheint Fritz nicht mehr. Ich suche ihn

und entdecke, dass im Viertel wirklich in jedem Garten ein Rotkehlchen singt, knackt und zwitschert. Aber Fritz ist nicht dabei. Nach Wochen erzählt mir ein Nachbar begeistert, dass er jetzt ein zahmes Rotkehlchen habe, das ihm auf die Hand fliegt. Ich strafe den Nachbarn mit eisiger Distanz und verwünsche die männliche Treulosigkeit, von der sogar Rotkehlchen befallen sind. Die fünf Kilo Cashewnüsse im Keller werde ich an die Krähen verfüttern!

Enttäuscht knie ich mich ins Erdreich, um mal wieder die Kiefernnadeln und Kienäppel aus den Beeten zu entfernen. Während ich harke, singt es ganz zart in meiner Nähe. Da sitzt eins der jungen Rotkehlchen und sieht mich mit großen Augen an. Ich taufe es auf den Namen »Paul« und fahre gleich in die Zoohandlung, neue Mehlwürmer kaufen.

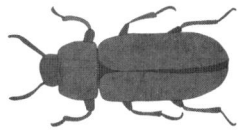

# 7

## *Kein Idyll ohne Nachbarn*

### IN DER GERÜCHTEKÜCHE

In den ersten Wochen stellen wir uns den Nachbarn offiziell vor. Die meisten wissen allerdings längst, wer wir sind, dass ich einen Toyota Starlet besitze und mein Mann Motorrad fährt. Wir werden zu einem Gartenfest eingeladen. Die Gastgeberin wird 50 und wünscht sich ein Fest ganz in Weiß. Ich trage am liebsten Schwarz und muss lange im Kleiderschrank suchen. Mein Mann hat sich ein weißes Jackett geliehen und fühlt sich darin sichtlich unwohl. Der Gastgeberin allerdings steht das weiße Flatterkleid vorzüglich. Bei der Begrüßung droht sie uns: »Wir sind hier alle eine große Familie!« Ich bekomme Angst.

Der Gastgeber und mein Mann stellen fest, dass sie in Mannheim mal dieselbe Schule besucht haben. Allerdings um ein paar Jahre versetzt. Bei meinem Mann gab es noch reine Jungsklassen und kneifende Lehrer. Beim Gastgeber saßen bereits Mädchen in der Klasse. Die Lehrer durften nicht mehr hauen und kneifen. Mein Mann erzählt den wenigen Nachbarn, die es noch nicht vom Buschfunk erfahren haben, dass wir Lehrer sind. Darauf der Gastgeber, ein lispelnder Naturwissenschaftler: »Die Dümmsssten ausss meiner Klassse sind Lehrer geworden! Allesss Mädchen!« Mein Mann und ich sind sprachlos. Die anderen Gäste grinsen. Nach zwei Stunden beschließe ich, dass ich zu dieser »großen Familie« nur als stille Teilhaberin gehören möchte. Im Mietshaus musste ich auch nicht mit den Nachbarn Händchen halten.

Im Viertel blüht die Gerüchteküche. Vieles erfährt man von Hundebesitzern, die zu festen Zeiten Gassi gehen und gern am Zaun stehen bleiben, wenn wir gerade auf dem Weg zum Briefkasten oder zur Mülltonne sind. Ein Hundebesitzer ist besonders kommunikativ. Sein Schäferhund setzt sich resigniert aufs Pflaster, wenn es losgeht. Er weiß, dass diese Gespräche – nein, Monologe – lange dauern können. Dabei behauptet mein Gatte immer, Männer würden nicht tratschen. Was für ein Irrtum.

Die neugierige Nachbarin, die schräg gegenüber residiert und alles weiß, würde gern in Erfahrung bringen, wie es bei uns im Haus aussieht. Sie steht mit Kuchen vor der Tür, dann mit Kräutertöpfchen, und beim dritten Mal (selbstgemachtes Holunderkompott) bittet mein Mann sie endlich herein. Ehe er sichs versieht, ist sie die Treppe in den ersten Stock hochgestiegen: »Ich darf doch mal kurz schauen? – Sie haben ja zwei Schreibtische«, wundert sie sich, »und so wahnsinnig viele Aktenordner!«

Als sie ganz unauffällig ins Schlafzimmer wandern will, stellt sich mein Mann freundlich in den Weg. »Haben Sie den Dachboden ausgebaut?« Sie schaut sehnsüchtig zu der Klappe hoch, aber mein Mann leitet sie sanft wieder ins Erdgeschoss. Ihr gefällt unser neuer Kamin, bei dem man von zwei Seiten ins Feuer schauen kann. Dass wir die Fenster bis zum Boden vergrößert haben, stößt auf ihr Missfallen: »Die sind doch gerade erst erneuert worden.« Sie sinniert darüber, dass unsere Massen an Büchern ständiges Staubwischen erfordern. Ihr entgeht nicht, dass Goethes *Faust* gleich drei Mal im Bücherregal steht. Auch die Fotos an den Wänden findet sie interessant: »Ist das bei Ihrer Hochzeit? – Und wer spielt bei Ihnen Klavier? Ach, Ihre Frau?«

Mein Mann erfährt in nur einer Stunde alles Wissenswerte aus dem Viertel: wo Schwule und Lesben wohnen, welcher Mann seine Frau sitzen gelassen habe und umgekehrt. Dass die Kinder drei Häuser weiter verschiedene Väter haben, völlig falsch erzogen werden, der Ästhet im Keller eine luxuriöse Sauna eingebaut hat, Herr Feldmann sein Motorrad verkaufen muss, weil er was am Knie hat, und früher neben uns ein echter Messie hauste. Der hat seinen Müll in den Tonnen der Nachbarn oder im Stadtpark verteilt und illegale Feuer im Garten gemacht. Man konnte sich in seinem Haus kaum bewegen, weil alles voller Pizzakartons und Weinflaschen stand. Das habe sie selber gesehen! »Der hat die Ratten hierhergeholt!«, behauptet die gut informierte Nachbarin. Irgendwann haben der sozialpsychiatrische Dienst und der Kammerjäger dem Spuk ein Ende bereitet. Aber die neuen Eigentümer finden immer noch Altlasten wie Batterien und Rohrreiniger in der Erde.

Im Austausch würde die neugierige Nachbarin auch gern etwas von uns erfahren. Wo wir arbeiten, ob wir Kinder haben, was wir mit dem Garten planen, wohin unser nächster Urlaub führt. Wir könnten ihr einen Schlüssel für Notfälle überlassen. Sie würde auch unseren Briefkasten leeren, wenn wir verreisen, und den Rasen wässern. (Wie scheinheilig. Sie hat von ihrem Dachboden aus doch längst gesehen, dass man hier von einem »Rasen« nicht sprechen kann.) Und falls wir mal einen Gärtner, Dachdecker, Glaser oder Physiotherapeuten brauchen – sie hat ganz viele Kontakte! Mein Mann kocht höflich Kaffee und kredenzt ein paar Haferkekse. Es scheint ja noch länger zu dauern. Die neugierige Nachbarin möchte wissen, warum wir abends immer die Vorhänge zuziehen. Unsere Vorgänger hätten das nie gemacht. Und warum ich so oft mit ausgestrecktem Arm auf der Terrasse stehe. Ob das eine neue Form von Yoga sei. Mein Mann erzählt von dem zahmen Rotkehlchen, das uns auf die Hand fliegt.

Als ich aus der Schule komme, sitzt die Frau immer noch am Tisch. Gespannt wartet sie, was ich erzählen werde. Ich hatte einen langen Tag mit sechs Unterrichtsstunden, zwei Gespräche mit hartnäckigen Helikopter-Eltern und eine Schulhilfekonferenz. Da versuchen neun Erwachsene einen pubertierenden Knaben zu überreden, doch bitte wieder zur Schule zu kommen: der Schulleiter, die beiden Klassenlehrer, eine Sozialpädagogin, die Jugendgerichtshilfe, eine Vertreterin vom Jugendamt, ein Vertreter vom Schwänzerprojekt »Durchstarten« und die hilflosen Kindseltern.

Ich bin leicht genervt und habe keine Lust auf Smalltalk. Als die neugierige Nachbarin erklärt, sie müsse jetzt leider gehen, halten wir sie nicht auf. »Wir sollten uns unbedingt mal auf ein Glas Rotwein treffen!«, sagt sie zum Abschied.

Irgendwie klappt es mit dieser Einladung nicht. Schade. Aber da die neugierige Nachbarin eine weit tragende Stimme hat, wissen wir – zumindest in der Outdoor-Saison – immer, was sie gerade macht und mit wem sie telefoniert. Das Rezept für Sachertorte, das sie am Handy durchgibt, schreibe ich zwei Gärten weiter auch mit. Ich notiere mir auch den Anwalt und die Zahnärztin, die sie am Telefon empfiehlt. Manchmal fährt sie mit ihrem roten Opel ganz langsam durchs Viertel und recherchiert, wer dringend fegen müsste, wer schon wieder Kiefern fällt und Umbauten vornimmt. Wenn sie einen Bekannten sieht, hält sie mitten auf der Straße an, um Neues zu erfahren. Dabei ist es ihr völlig egal, ob Autos hinter ihr warten. Erst, wenn die wütend hupen, setzt sie ihren Opel wieder in Bewegung.

Die Hexenhäuser unserer Straße stehen unter Ensembleschutz. Farbabweichungen ins Quietschgelbe oder schreiend Blaue sind nicht erlaubt. Nur mit behördlicher Genehmigung darf man Garagen ausbauen und Balkons anfügen. Trotzdem wird irgendwo immer etwas abgerissen oder neu gebaut, röhrt die Mörtelmaschine oder hämmert jemand. Ich glaube, manche Anwohner erweitern klammheimlich ihren Wohnbereich. Besonders gern an Wochenenden. Das ist äußerst anregend, wenn man am Schreibtisch sitzen muss. Die Gerüchteküche erzählt, dass eine Familie einen riesigen Wintergarten errichtet hat, der bis an den nächsten Zaun reicht. Jeden Abend ist Showtime. Die Nachbarn blicken in ein hell erleuchtetes Schaufenster, in dem die Familie drüben isst, fernsieht, musiziert und die Garderobe wechselt. In einem anderen Haus jagen sich die Besitzer angeblich nackt durch alle Zimmer. Jetzt gehe ich mit ganz anderen Augen durchs Viertel und überlege bei jedem Haus, ob hier die Anwohner Freikörperkultur betreiben, süchtig nach Botox sind, gern Latexmasken tragen, schwer erziehbare Kinder haben oder in der Gartenlaube kiffen.

Vier Gärten grenzen direkt an unseren. Es ist eng und gemütlich. Von November bis Mai kann man sich bei allen Aktivitäten im Garten beobachten, wenn man es möchte. Danach grünt es und wird blickdicht, es sei denn, man entfernt – wie ich im ersten Überschwang – ein paar große Äste und seltsame Büsche, weil eine Bekannte gesagt hat: »Das ist Unkraut, das kannst du rausreißen!« Mit diesen Lücken im Grün kann man auch im Sommer daran teilnehmen, wie die Nachbarn gegenüber ihre Freizeit verbringen. Mein Mann kommt nur auf die Terrasse, wenn ich vorher die schützende Markise ausgefahren habe. Er will nicht, dass die anderen ihm aufs Frühstücksei starren. Im Gartencenter behaupten sie, dass Thuja-Hecken wie Gift wachsen. Ich kaufe ein paar Töpfe und setze die kleinen Büsche als künftigen Sichtschutz an den Zaun. Die neugierige Nachbarin hat erstaunlich oft auf ihrem Dachboden zu tun. Zumindest schaut sie dort häufig aus dem Fenster, bis ich ihr freundlich zuwinke. Ich erfahre aus den lauten Gesprächen in den Nachbargärten viel über Erbschaftssteuer, Rollrasen und Kinderaufzucht. Im Sommer finden rundum fröhliche Grill-Abende und Gartenfeste statt, manchmal mit angemietetem Sopran. Eine Freundin empfiehlt mir, bei zu viel Lärm in der Nachbarschaft Mönchsgesänge abzuspielen oder Teppiche zu klopfen. Ich überlege, ob ich nicht doch mal meine lebhafte Klasse einladen soll. 28 liebreizende junge Menschen, die fast alle gern Krach machen. Es gibt aber auch Nachbarn, die dezent und leise reden. Oft merkt man gar nicht, dass die im Garten sitzen, nur die Kaffeetassen klirren ganz sacht. Da muss man direkt am Zaun Unkraut jäten, wenn man etwas mitbekommen will!

Fünf Häuser weiter stehen ein Planschbecken und ein Trampolin im Garten. Dort wohnen Mutter, Vater und ein Einzelkind. Damit sich der kleine Solitär nicht so einsam fühlt, wird häufig Besuch eingeladen. Es gibt zwar um die Ecke einen großen Spielplatz, aber wozu hat man einen Garten? Wenn der Wind gut steht, hört man die munteren Kleinen viele Stunden lang planschen und kreischen. Diese Familie findet es ausgesprochen spießig, irgendwelche obskuren Vorschriften einzuhalten, und mäht den Rasen gern sonntags in der Mittagszeit. Wann sollen sie es als Berufstätige sonst machen? Ihr Nachbar ist unglücklich darüber, dass sie ihm ein riesiges rotes Baumhaus direkt vor die Nase gesetzt haben. Nein, nicht für das Kind, sondern für die Gattin. Angeblich gibt es auf ihrem Grundstück zu wenig Licht. Alles voller Ahorn. Deswegen muss sie der Sonne ein Stück entgegenklettern. Wenn der Nachbar morgens aus seinem Schlafzimmer im ersten Stock schaut, steht er Aug in Aug mit diesem klotzigen Baumhaus. Abends prostet ihm die Besitzerin auch mal mit einem Sekt zu.

Eines Abends bricht der Wind einen großen Ast von einer unserer Kiefern ab. Die Feuerwehr muss kommen, um ihn vom Bürgersteig zu schaffen. Sofort versammeln sich 20 Leute zum Zusehen, manche schon im Schlafanzug. Die neugierige Nachbarin filmt mit ihrem Smartphone, wie die Feuerwehr den Ast zersägt. Eine Woche später erzählt die Gerüchteküche, dass unser Totholz zwei Autos stark beschädigt habe und ein Passant fast umgekommen sei.

Ich rege mich über diese Tratscherei auf, mein Mann sagt nur: »Das ist wie damals bei uns auf dem Dorf. Da kam immer Käse-Anna zu meiner Großmutter, und die beiden haben stundenlang getratscht. Klatsch hat schließlich auch eine soziale Funktion.« Was tun? Die Gerüchteküche anfeuern oder sich fein raushalten? Partei ergreifen oder höflich abwiegeln? Eigentlich halte ich es, was den Tratsch in der Nachbarschaft angeht, gern mit den berühmten drei Affen: nichts sehen, nichts hören, nichts tratschen. Die neugierige Nachbarin kommt nur noch selten vorbei. Und nur dann, wenn ich nicht da bin. Keine Ahnung, wie sie das mitbekommt, denn ich schleiche mich ganz dezent aus dem Haus.

Leider erfährt man kaum noch was Interessantes, wenn man sich aus allem raushält. So weiß ich zum Beispiel überhaupt nicht, ob die künstliche Befruchtung bei dem King-Charles-Spaniel vier Häuser weiter geklappt hat. Es dauert nicht lange, und wir bekommen keine Einladungen mehr zu den Grillfesten und Tea-Partys der »großen Familie«. Einen leisen Trost haben wir aber: Unsere direkten Nachbarn sind äußerst freundlich und hilfsbereit. Wir tauschen die Hausschlüssel für Notfälle, borgen uns Mehl, Milch und Kartoffeln, versorgen zu Urlaubszeiten die Igel im Keller und die hungrigen Vögel im Garten und gießen Blumen.

Schrille Schreie schrecken mich auf. Da ist jemand in Not! Ich will die Polizei rufen. »Bleib cool«, spricht der Gatte, »das ist nur die Grundschule gegenüber.«

Ach so. Ich lese weiter Zeitung. Ich bin schon zwei Mal rausgerannt, weil ich gellende Hilferufe hörte. Aber kein Angreifer, kein Mörder war in Sicht. Die Grundschule hatte einfach nur große Pause. Da kann man mal sehen, welches Leid Lehrer über Kinder bringen! Die armen Kleinen finden nur dadurch Erleichterung, dass sie sich in den Pausen die Seele aus dem Leib brüllen. Bisher habe ich mich allerdings den Unterschriftenaktionen des Ästheten von nebenan verweigert. Der will, dass der Pausenhof hinters Schulgebäude verlagert wird. Aber ich habe Angst, politisch unkorrekt zu wirken, wenn ich mich gegen »fröhlichen Kinderlärm« engagiere. Der Ästhet zieht aus Protest manchmal in seine Stadtwohnung und kommt erst zurück, wenn Schulferien sind. Er ist Cellist und hat ein feines Gehör. Die Nachbarskatze Kali hat auch ein feines Gehör. Sie flieht ins Haus, wenn das laute Kreischen beginnt. Die Ringeltauben, die oft durch unseren Garten wandern, suchen sich einen weit entfernten Kieferngipfel, wenn in der Grundschule Pause ist oder der Hortbetrieb im Freien beginnt.

Früher, als ich noch Ganztagskraft war, habe ich diesen irrsinnigen Lärm gar nicht bemerkt. Da bin ich zu meiner Bildungsanstalt am anderen Ende von Berlin gefahren, lange bevor der Schulbetrieb gegenüber begann, und kam heim, da war die Grundschule bereits wieder menschenleer. Meine

»verhaltensoriginellen« Oberschüler kreischen nicht so mörderisch. Das würde ich auch unterbinden.

Ich grabe im Garten. Eine der Lehrerinnen von gegenüber hält gerade auf der Straße ihre Raucherpause ab. Ich frage, wie sie diesen Krach erträgt. Es bricht richtiggehend aus ihr heraus: »Ja, davon wird man wirklich krank!« Ganz höflich frage ich, warum sie dann dieses spitze Geschrei nicht etwas eindämmen. Das sei doch kein normaler Kinderlärm mehr. Die Frau sagt resigniert: »Da kann man nichts machen«, tritt die Zigarette aus und entfernt sich.

Wenn drüben Schulpause ist, verlasse ich meist den Garten und setze mich an den Schreibtisch. Dort wartet immer etwas zum Korrigieren. Oder ich suche im Internet, ob dieses hysterische Geschrei Folge einer modernen Ernährungskrankheit sein könnte. All diese Phosphate, Emulgatoren und Stabilisatoren in Speiseeis und Wurst. Überall Zuckerzusätze, sogar in sauren Gurken und im Hering – das muss doch verheerende Folgen haben! Mein Mann meint, die Kinder würden ihre Stimme als Waffe einsetzen. Oder als Protest gegen die Gesellschaft, wie Oskar Matzerath in der *Blechtrommel*. Früher konnten Schüler auch noch ordentlich raufen, aber das würden ihnen heutzutage die vielen weiblichen Lehrkräfte austreiben. Jeder Konflikt muss im friedlichen Gespräch geklärt werden. Zum Ausgleich schreien und brüllen diese pazifistisch gedrillten Kinder. Behauptet mein Mann.

Ich kann Ausdrücke wie »ohrenbetäubend« und »markerschütternd« jetzt erst so richtig nachempfinden. Erstaunlich, dass die Aufsicht führende Lehrkraft drüben keinen Schallschutz trägt. In manchen Berliner Schulen werden

Ohrenstöpsel und Kopfhörer an Sportlehrer ausgegeben, denn der Arbeitgeber ist bei einem Dauerlärm von 85 Dezibel dazu verpflichtet, seine Arbeitnehmer zu schützen. Auf dem Spielplatz drüben sind über 100 Dezibel. Das hat der Ästhet von nebenan messen lassen.

Morgens kurz vor acht Uhr verstopfen große Autos und Jeeps die kleine Straße vor unserem Haus. Sie halten kreuz und quer und kommen nicht aneinander vorbei. Es wird wild gehupt. Man könnte meinen, wichtiger Staatsbesuch sei unterwegs. Aber nein, die lieben Kleinen werden zur Schule gebracht und mittags wieder abgeholt. Die Grundschule gegenüber muss einzigartig sein. Aus ganz Berlin und aus dem Umland werden die Kinder hierherchauffiert. Kinder, die in der Nähe wohnen, würden ja wohl zu Fuß gehen …

Pech, wenn wir zu den Stoßzeiten aus der Garage wollen. Meist steht irgend so ein Elterntaxi vor unserer Ausfahrt. Wenn wir Glück haben, kommen Mutti oder Vati schnell zurück. Manchmal dauert es aber auch eine Weile. In solchen Fällen holen ungeduldigere Nachbarn auch schon mal die Polizei, um das parkende Fahrzeug entfernen zu lassen. Ansonsten warten die Eltern in den Wagenkolonnen gern mit laufendem Motor und lauter Musik auf den Nachwuchs.

Ein paar Kinder gehen zu Fuß in die Schule. Die haben dann Muße, mal einen harten Schneeball oder ein paar Kastanien gegen die Fensterscheiben zu werfen oder mit dem Laserpointer zu blenden, wenn man vom Computer hochsieht. Manchmal haben sie ganz altmodische Ideen wie Klingelstreich oder Kaugummis an den Briefkasten kleben. Eins der Grundschulkinder hat zum Geburtstag eine Trillerpfeife bekommen. Damit begleitet es seit Neuestem rhythmisch seinen Schulweg.

In der Adventszeit klingeln ein paar Grundschüler bei uns. »Wir wollen Sie zu unserem Weihnachtsbasar einladen«, sagt ein nettes Mädchen, »damit wir Ihnen nicht nur auf den Geist gehen.« Da bekomme ich wegen meiner »Misopädie« ein schlechtes Gewissen. Natürlich gehe ich rüber zum Weihnachtsbasar und kaufe selbstgefertigte Waffeln, Kerzen und Wichtelzwerge.

Gleich neben der Grundschule befindet sich eine Oberstufe. Dort werden Tierpfleger, Floristen, Friedhofsgärtner und Forstwirte ausgebildet. Manchmal zieht ein Lehrer mit einer Gruppe durchs Viertel und erklärt Pflanzen und Bäume in den Privatgärten. Bei uns stehen sie eine ganze Weile. Ich wüsste gern, was der Lehrer erzählt. Vermutlich etwas in dieser Art: »Und so, liebe Kinder, sieht ein Garten mit Kiefernbestand aus, wenn man ihn sich selbst überlässt. Wenn ihr später im Landschaftsbau tätig seid, ist es eine lohnende Aufgabe, auf so einem Grundstück mal ordentlich zu roden und alles neu zu pflanzen!«

Einige Oberschüler entsorgen ihre Brötchentüten und Zigarettenkippen gern in unserem Vorgarten. Vielleicht sollte ich ein paar Aschenbecher aufstellen. Ein kräftiges Mädchen setzt sich zur Raucherpause auf unsere Mülltonne. Hinterher ist der Deckel völlig verbeult. Einmal finde ich nach einem Elternabend eine leere Schnapsflasche im Beet.

Vermutlich sind es nicht die Schüler, die ihre schwarzen Hundehaufen-Tütchen in unsere Recyclingtonne werfen. Berlin ist die Stadt der Hundehaufen. In der Innenstadt sieht man die Tretminen, weil es dort gut beleuchtet ist. In unserer Straße stehen aber nostalgische Gaslaternen. So alle 100 Meter. Und meist ist irgendeine kaputt. Man sieht nichts, wenn man aus dem Auto steigt. Die formschönen Haufen liegen gern im Grünstreifen am Straßenrand. Ich bedanke mich jedes Mal ausdrücklich, wenn Hundehalter der Vorschrift folgen und die Hinterlassenschaft ihres Lieblings entsorgen.

Als wir eines Tages eine alte Klobrille in unserem Papiermüll vorfinden, stellen wir die Tonne fünf Meter hinterm Gartenzaun auf. So lange Arme hat niemand.

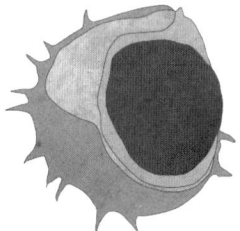

# 8

## *Störenfriede und Quälgeister*

Wenn ich Bücher oder Internet-Blogs über Gärten lese, sto-
ße ich fast immer auf die Begriffe »Paradies« und »Idyll«.
Wenn ich aber in Gesprächen etwas tiefer bohre, bricht aus
den Beteiligten auf einmal die Wahrheit heraus: Verzweif-
lung über Wühlmäuse, die sämtliche Blumenzwiebeln und
Baumwurzeln fressen. Maulwürfe, die unter Naturschutz
stehen und aus dem englischen Rasen eine Mondlandschaft
machen. Wildschweine, die im Fosbury-Flop über den Gartenzaun setzen und mit ihren Schnauzen ruckzuck den
Garten aufwühlen. Zecken, die monatelang heimtückisch
lauern, um sich dann auf redliche Gärtner zu stürzen.

Bei uns im Garten gibt es weder Maulwürfe noch Wühlmäuse. Auch auf die Wildschweine warte ich vergeblich. Irgendjemand müsste mal den »Rasen« umgraben. Ich habe
hier im Viertel zwar noch nie ein Wildschwein gesehen,
aber im nächsten Park und auf dem Friedhof hängen ein-

dringliche Warnungen und es riecht so typisch nach Maggi. Die Wildschweine lauern laut Aushang im nahen Gebüsch und warten nur darauf, dass jemand vom Weg abkommt. Augenzeugen berichten von ganzen Familienverbänden, die unsere Straße entlangdefilieren. Eine Besucherin, die abends von unserer Haustür zum Auto ging, behauptet, zwei riesige Wildschweine seien ihr gefolgt. Anscheinend in friedlicher Absicht, denn die Besucherin hat es unbeschadet überlebt. Bis auf eine winzige Schweine-Phobie.

In Berlin gibt es mittlerweile so viele Wildschweine und so viele Berliner, die sie füttern, dass Jäger im Stadtgebiet eingesetzt werden. Eine Bekannte hat sich bei einem Friedhofsbesuch einem Jäger an die Fersen geheftet und ihm erlegtes Wildbret abgekauft. An so einem Wildschwein kann man lange essen. Mein Gatte kauft sich die Männerzeitschrift *Fleisch*. Eine ganze Ausgabe widmet sich der Zubereitung von Wildschweinen. Aber – wie gesagt – bei uns im Garten taucht kein einziges auf. Die Tiere sind ja nicht blöd …

In unserem Garten gibt es nur ganz normale Quälgeister: Mücken, Wespen, Ameisen, Stacheln und Unkraut. Mücken haben einen erlesenen Geschmack. Wann immer sie die Wahl haben, nehmen sie mich. Ich kann das gut verstehen, reagiere aber trotzdem allergisch darauf. Eine Mücke hat sich heimtückisch im Schlafzimmer versteckt. Drei nächtliche Stiche ins Gesicht – und der Ästhet von nebenan erkennt mich nur noch an der roten Einkaufstasche. Ich suche im Schlafzimmer. Die Mücke sitzt demonstrativ an der weißen Wand. Ich nehme ein dickes Buch, aber in meiner leidenschaftlichen Rachsucht verfehle ich die Mücke. Daraufhin versteckt sie sich so raffiniert, dass ich sie nicht mehr finde. Erst, als ich abends das Licht lösche, höre ich sie gierig surren. Also Licht wieder an, Brille aufgesetzt, Mücke gesucht. Mein Mann meckert. Er will schlafen. Aber ihn sticht die Mücke ja auch nicht. Irgendwann steht er auch auf und ermordet die Mücke. Ich schlucke Kalziumtabletten und kühle meine Schwellungen mit essigsaurer Tonerde. Wer hat das Gerücht in die Welt gesetzt, dass das hilft???

Mücken finden mich immer und überall. Ob in Spanien, auf Usedom, im vierten Stockwerk oder auf der Radtour. Und natürlich im Garten. Es sind 30 Grad, die Sonne scheint. Ich gehe leicht geschürzt raus. Soll ich bei der Hitze etwa einen Imkeranzug tragen? Außerdem will ich braun werden. Alle fünf Minuten stelle ich mich zur Abkühlung unter den Gartenschlauch. Die Mücken warten derweil darauf, dass es dämmert und ich endlich im Schattenbereich arbeite. Dann aber los! Vertieft in meine Pflanzungen nehme ich gar nicht wahr, dass ganze Mückengeschwader an meinen Armen und Beinen bohren. »Ach, du Arme, hat es dich wieder erwischt?«, fragt mein Mann, der auf der Terrasse Zeitung liest. Er hat es gut getroffen: Mücken halten sich von Rauchern und Biertrinkern fern. Ich kratze und scharre und zähle an die 20 Stiche. Dabei verwende ich nur neutrales Duschgel, esse präventiv Vitamin B und reibe mich mit Lotionen ein, die nicht nur für Mücken unangenehm riechen. Laut Packungsbeilage darf die Flüssigkeit keinesfalls auf die Möbel tropfen … Aber die Mücken finden diese winzige Stelle immer, die ich beim Einschmieren vergessen habe. Wozu wohnen hier eigentlich Vögel im Garten? Die könnten ruhig mal ein paar Mücken fangen, anstatt immer nur nutzlos rumzuzwitschern.

Ich habe sämtliche Mückenmittel getestet, die der Markt bietet. Zu meinem Urlaubsgepäck gehören Moskitonetz, Hammer und Nägel und kleine Geräte für die Steckdose. Die sondern bei Inbetriebnahme Gift oder hohe Töne ab, und Marder und Mücken suchen entnervt das Weite. Ich spicke Zitronenscheiben mit Nelken und stelle die Würzmischung neben das Kopfkissen. Auf der Terrasse stehen spiralförmige Räucherkerzen, die stinkend vor sich hin glimmen. Ich habe ein kleines Gerät, das winzige Stromstöße abgibt. Das muss man gleich nach dem Mückeneinstich auf die Haut setzen und abdrücken. Dann verbreitet sich das Mückengift nicht. Leider weiß ich nie genau, wo dieses winzige Gerät gerade ist.

Mein bester Mückenschutz ist meine Schwester! Dass ich das nicht schon früher bemerkt habe! Beim sommerlichen Skatspiel auf unserer Terrasse schlägt sie ständig um sich und kratzt verbissen an ihren Extremitäten. Obwohl sie raucht und Bier trinkt, fühlen sich die Mücken von ihr angezogen und lassen mich in Ruhe. Anscheinend hat meine Schwester süßeres Blut als ich. Aber Schadenfreude ist mir als Pädagogin ja völlig fremd!

Noch größeren Respekt als vor Mücken habe ich vor Wespen. Wenn ich nicht möchte, dass meine Gliedmaßen aufs Doppelte und Dreifache anschwellen, muss ich ihnen aus dem Weg gehen. In einem Biergarten krabbelt mir so ein Tier in die Bluse. Es ist mir völlig egal, ob jemand zusieht: Ich knöpfe die Bluse auf und wedle die Wespe ganz behutsam weg. Ein Stich in meine Weichteile hat mir mal einen Besuch in der Notaufnahme und einen Tragegurt für meine blau geschwollene Brust beschert. Frühstück im Garten in der Wespensaison also nur mit äußerster Vorsicht. Trotzdem ist es faszinierend, wie eine Wespe sich auf den Bierschinken setzt, kleine Stücke absäbelt, mit der Beute wegfliegt und sich kurze Zeit drauf wieder an die Wurst macht. »Wie heißt denn deine neue Freundin?«, spottet mein Mann.

Da er eher selten im Garten arbeitet, erwischen ihn auch die Zecken nicht. Ich habe chirurgisches Besteck aller Art, um Zecken aus dem Körper zu entfernen. Und eine Batterie von Desinfektionsmitteln. Während Mücken und Zecken bei mir ihr Leben lassen müssen, bin ich mir bei den Nacktschnecken noch nicht sicher. Der Mensch hat eine Tötungshemmung, wenn Insekten und Kleintiere ein bestimmtes Körpervolumen überschreiten. Ich habe keinen Salat und keinen Blumenkohl im Garten, insofern habe ich von den Nacktschnecken nichts zu befürchten. Denke ich. Aber meine Schnecken fressen auch Zierpflanzen. Nach ein paar feuchten Tagen finde ich von Studentenblume und Kapuzinerkresse nur noch Stummel im Beet. Auch sämtliche Nesseln sind abgefressen. Es gelingt den Schnecken immer zu verschwinden, bevor ich die tägliche Garteninspektion durchführe.

Ich frage im Lehrerzimmer, was die anderen so machen. Ein Chemie-Kollege schneidet die Schnecken in zwei Teile. Das sei nicht so quälend wie Schneckenkorn. Ein Party-Hai ersäuft sie in Bier. Aber was macht er mit den Leichen? Eine freundliche Kollegin sammelt die Schnecken im Eimer und bringt sie in den Wald. Letztens ist ihr dabei der Eimer im

Fahrradkorb umgekippt. Eine andere setzt die schleimigen Tiere auf die Fahrbahn. Dort haben sie eine 50-prozentige Überlebenschance, je nachdem, wie schnell sie sind. Ich erwäge, meine Schnecken der neugierigen Nachbarin über den Zaun zu werfen. Da die Frau aber alles, wirklich alles mitbekommt, setze ich meine Idee lieber nicht in die Tat um.

Kollege Bechler erscheint im Türrahmen des Lehrerzimmers. Er kommt gerade von seiner ökologischen Parzelle im Umland und trägt eine schmuddelige Biotonne unterm Arm. »Schnecken? Habe ich Schnecken gehört? Her damit!« Wir sehen ihn ein wenig irritiert an. Seine Augen leuchten, als wolle er diese Delikatesse in Rotwein und Rum einlegen. »Meine drei Laufenten haben sämtliche Schnecken im Garten gefressen. Auch alle aus der Nachbarschaft. Jetzt muss ich welche beim Spazierengehen sammeln.«

Er stellt ein neutrales Eimerchen in die Teeküche, in dem wir im Laufe der Arbeitswoche unsere Beute deponieren können. Meine Nachbarinnen daheim bringen mir auch ihre Schneckenauslese vorbei. Freitags kommen die glitschigen Tierchen dann zu Kollege Bechlers Laufenten, die gierig darauf warten. Unsere Sekretärin weigert sich, die Teeküche noch zu betreten. Sie ist eigentlich zu sensibel für ihren Job ... Wir schenken ihr einen Schnellkocher, da kann sie gleich am Schreibtisch ihren Ingwer-Tee aufbrühen.

Kollege Bechler hat zwar keine Schnecken mehr im Garten, dafür jede Menge Entenkacke. Seine Frau möchte nicht mehr im Freien frühstücken, weil es im Garten stinkt. Ihr geht auch der hormongetriebene Enterich auf den Geist, obwohl der sich nur an den beiden Enten zu schaffen macht. Das aber ständig. Als es den beiden Weibchen zu viel wird, jagt der Enterich den Hund und zwickt ihn in den Hintern. Liefert Frau Bechler die gut genährten Enten absichtlich dem Fuchs aus, als sie abends »vergisst«, den Stall abzusperren? Die Enten sind weg, dafür findet die Familie ihre Schildkröte wieder. Die sitzt im Entennest und hat sich anscheinend ein paar Tage lang von der brütenden Laufente wärmen lassen. Kollege Bechler will unsere Schnecken derzeit nicht. Er ist sich nicht sicher, was ihm wichtiger ist: eheliche Harmonie oder ein schneckenfreier Garten.

Nach einem anstrengenden Tag in den pädagogischen und landschaftlichen Brachen liege ich entspannt in der Badewanne. Mit dem Schaumbad »Glückliche Auszeit« und atme Heu- und Lavendel-Aroma ein. Mein Mann klopft aufgeregt an die Tür: »Komm mal schnell! Wir haben ein Problem!« Oje, es brennt! Ich muss meinen Ausweis und alle wichtigen Unterlagen retten. Vor allem die CD mit meinen besten Tierfotos! Mit nassen Haaren und nassen Füßen renne ich aus dem Badezimmer. »Da ist was im Schlafzimmer!«, sagt mein Mann. »Ich glaube, eine Fledermaus.«

Abends im Garten habe ich schon öfter Fledermäuse gesehen. Sie huschen im Dunkeln zwischen den Kiefern hindurch. Diese hier hat eine relativ große Spannweite und ist auf keinen Fall eine Zwergfledermaus. Sie schwirrt in konzentrischen Kreisen an der Schlafzimmerdecke. Unermüdlich. Sie erzeugt dabei ein leises Sirren. Mein Mann hat alle Fenster weit geöffnet, aber die Fledermaus zieht weiter ihre Kreise. Mein weiser Berater, das Internet, meint, dass Fledermäuse vom Aussterben bedroht und streng geschützt sind. Wenn eine Fledermaus durchs gekippte Fenster hereinschneit, soll man sie ruhig in einer Gardine hängen und sich ausschlafen lassen. Abends würde sie von allein wieder ins Freie fliegen. Knoblauch und Mottenkugeln beschleunigten diesen Abflug nicht.

»Sieh mal nach, ob es noch mehr sind. Im Internet steht, dass manchmal Riesenverbände durchs Fenster kommen. Aus einer Wohnung hat der Naturschutzverband über 200 geholt. – Und zieh dir Handschuhe an, Fledermäuse beißen!« Während mein Mann wie hypnotisiert die Rundflüge der neuen Bewohnerin verfolgt, lese ich, dass Berlin die fledermausreichste Großstadt in Mitteleuropa ist. »Die halten ein halbes Jahr lang Winterschlaf«, lese ich weiter vor, »aber nicht in meinem Schlafzimmer, bei aller Tierliebe!«

Die Fledermaus schwirrt weiter im Kreis. Sollen wir den Naturschutzbund anrufen und einen Fledermausfänger herbitten? Schließlich landet das Tier erschöpft in einer Deko-Landschaft, die mir Schüler aus Ästen und Trockenblumen gebastelt haben. Und die ich aus ästhetischen Gründen oben auf dem Schlafzimmerschrank abgestellt habe. Mein Mann steigt auf einen wackligen Stuhl und holt die Deko-Landschaft samt Fledermaus behutsam herunter. Er hält das Gebilde aus dem Fenster und wartet.

»Halt!«, rufe ich. »Die fressen Mücken! Und mit ihrem Kot kann man hervorragend düngen!« Aber die Fledermaus ist schon auf und davon.

# 9

## *Dschungelpatrouille in Aktion*

Angstschreie aus dem Gebüsch? Ich spurte los. Dort verstecken sich zwei junge Meisen, die noch nicht sehr flugtauglich sind. Ein Eichelhäher turnt über ihnen rum und nimmt Reißaus, als ich angeprescht komme. Ja, ich weiß: Er hat auch Junge, die ernährt werden wollen. Aber doch nicht mit den Vögeln aus meinem Revier! Mein Mann steht im Türrahmen: »Na, war die Dschungelpatrouille wieder unterwegs?«

Die Dschungelpatrouille setzt sich auch sofort in Bewegung, wenn die Katze von nebenan bei uns jagt. Diese Katze steht besonders auf Eichhörnchen. Ich rette mindestens drei vor ihr, indem ich einen Hausschuh aus dem Fenster im ersten Stock werfe. Das schadet der Katze nicht, weil ich nicht zielen kann. Aber sie bekommt einen Schreck und flieht. Das Eichhörnchen auch.

»Kali ist eine richtige Räuberin!«, sagt die Katzenbesitzerin stolz. Ich balanciere gerade mein zahmes Rotkehlchen auf der Hand. Die Frau meint: »Na, lass das bloß nicht Kali sehen. Die fängt das Rotkehlchen im Nu.« Man muss nicht alle Nachbarn mögen …

Kalis Halterin ist dann doch nicht so begeistert, als sie ein totes Eichhörnchen unter der Badewanne findet. Kali, die Katze, ist immer auf dem Sprung und mit irgendwas im Maul unterwegs: Frösche, Kröten, Mäuse, Vögel. Ich finde, der Name passt. Kali ist die indische Göttin für Tod und Zerstörung …

»Katzen fangen nur alte und kranke Vögel!«, behauptet die Besitzerin. Das stimmt nicht. Sie fangen auch junge Amseln, seltene Heckenbraunellen, Haubenmeisen und Tannenmeisen. Und sie fressen sie nicht, was ich ja noch akzeptieren würde, sondern lassen sie tot im Garten liegen. Daheim gibt es leckere Spezialitäten aus dem Supermarkt, die man nicht erst rupfen muss.

Die Katzen wollen den Vögeln doch nichts Böses tun, sie wollen nur spielen … Und von wegen Katzen sind nicht lernfähig. Es gibt welche, die genau wissen, dass sie ihre Beute nicht ins Haus bringen sollen. Und welche, die gelernt haben, dass sie sich nicht am Bein ihres Menschen festkrallen sollen, wenn der am Herd mit dem Kabeljau hantiert. Meine Katze wäre Vegetarierin und würde Petersilie fressen.

Die Dschungelpatrouille rettet eine junge Amsel und eine Heckenbraunelle aus den Katzenklauen. Die Vögel sind so klug, sich zwischendurch immer wieder tot zu stellen, so dass die Katze für eine Weile von ihnen ablässt. Leider kann ich die Amsel nicht dazu bringen, zum Füttern ihren Schnabel zu öffnen. Zu spät erklärt mir der Biologie-Kollege, ich solle mich mit einer schwarzen Papp-Schablone in Vogelform nähern. Dann würde der Jungvogel automatisch den Schnabel aufsperren, weil er denkt, Mami kommt. Die Heckenbraunelle lasse ich oben aus dem Schlafzimmer fliegen. Sie hat aber beim Spielen mit der Katze ihre Schwanzfedern verloren und kann nur schlecht steuern. Ich weiß nicht, ob ich sie wirklich gerettet habe.

Die Katzendichte in unserem Viertel ist viel zu hoch. Es gibt mindestens sechs Katzen, die unseren Garten als Transitstrecke benutzen. Eine dicke schwarze steht gern bei Regen vor der Tür und wartet, dass ich ihr öffne. Sie schaut sich kurz im Haus um, und wenn der Regen nachgelassen hat, geht sie wieder. Sie habe ich noch nie auf der Pirsch gesehen. Vielleicht ist sie so raffiniert und macht bei mir einen auf friedlich, während sie zwei Häuser weiter Vögel jagt. Einmal rennt Kali, die passionierte Jägerin, patschnass durch unseren Garten, obwohl die Sonne strahlend scheint und keine Regenwolke am Himmel steht. Da ist sie dem Ornithologen und seinem Amselnest in die Quere gekommen. Seither muss ich unseren Gartenschlauch nur anfassen, da verschwindet Kali sofort über den Zaun. So viel zum Thema »nicht lernfähige Katzen«.

Es gibt wohl nichts Versöhnliches zwischen Katzenliebhabern und Vogelfreunden. Die Nachbarin schafft sich noch einen Kater an, damit Kali nicht so einsam ist. Und damit es Katzenbabys gibt. Die sind doch so süß. Ob ich nicht eins will? Der Kater heißt Shiva und ist sanft und träge. Bislang hat er Kali nicht geschwängert. Ist ihm vermutlich zu anstrengend.

In den Nistkasten aus Spannbeton sind endlich Blaumeisen eingezogen. Das Gütesiegel vom Naturschutzbund hat sie sichtlich beeindruckt. Aus dem Nistkasten heraus piepst es schon ganz leise. Ich harke im Garten und höre Kratzgeräusche. Wie niedlich, da klettert irgendwo ein Eichhörnchen im Baum rum. Nein, es ist Kali, die Kampfkatze. Stück für Stück robbt sie sich die Kiefer hoch zum Nistkasten. Zeit für den Einsatz der Dschungelpatrouille! Ich sehe den Gartenschlauch nur kurz an und zack – die Katze lässt sich vom Baum fallen und ist weg.

Ich kann aber nicht immerzu im Garten Wache halten. Also versuche ich mit anderen Mitteln, die Katzen im Viertel umzuleiten. Auf ihrem Durchgangspfad am Schuppen streue ich gelbes Pulver, das nicht gut riecht und alle Vierbeiner vergrätzen soll, ohne ihnen zu schaden. Es ist völlig wirkungslos. Ich reklamiere bei der Firma und bekomme ein rosa Puder, das viel besser wirken soll. Es riecht stark nach Schweiß und Ammoniak. Die Katzen kriechen jetzt einfach zwei Meter weiter durchs Gebüsch.

Im Gartencenter entdecke ich die »Verpiss-dich-Pflanze«. Die heißt tatsächlich so. Ihr Geruch muss für Katzen ganz entsetzlich sein. Aber ich bräuchte davon rund 50 Stück, um Kali auf Distanz zu halten. Ich suche weiter im Internet. Es gibt Ultraschall-Geräte, die Störgeräusche für sensible Katzen, Dackel und Kaninchen produzieren. Es gibt Bewegungsmelder, die man mit dem Gartenschlauch verbindet. Katze oder Krähe nähern sich – und werden mit einer kleinen Dusche belohnt.

Ich entscheide mich für einen Katzengürtel. Der wird aus einzelnen Metallgliedern zusammengesetzt und um den

Baum gewunden. Die Metallteile zeigen schräg nach unten, und die Katze müsste schon fliegen können, um diese Sperre zu überwinden. Ich bin ganz stolz auf meine Entdeckung und winde einen schönen Schutzgürtel. Kali wird hier keine Blaumeisen rupfen. Sie nicht. Aber ich habe all die anderen Jäger nicht bedacht: Spechte, Elstern, Krähen, Eichelhäher, Eichhörnchen, Sperber und Habichte. Viele Singvögel brüten notgedrungen zweimal im Jahr. Oft sehe ich bei Meisen Ein-Kind-Familien. Das ist sicher keine Geburtenkontrolle, sondern der Rest der Kinderschar, der durchgekommen ist.

Wer behauptet eigentlich, Katzen würden ihre Häufchen fein säuberlich vergraben? Kampfkatze Kali hält sich nicht an diese Regel. Sie hinterlässt ihr Markenzeichen nicht nur in unserem Garten. Und nicht alle Nachbarn tragen Gartenhandschuhe und nicht alle haben gute Augen. Woher ich weiß, dass es Kali ist und nicht einer der Füchse, die meine Wildkamera bisweilen erwischt? Im Internet gibt es sogar dafür detaillierte Beschreibungen und Fotos, anhand derer man nachprüfen kann, wer in den Beeten »aktiv« war.

Im Park ein paar Straßen weiter wohnen junge Meisen im Astloch einer Birke. Man hört sie laut und deutlich nach Futter rufen. Ein Buntspecht fliegt das Loch an. Spechte sind Nesträuber! »Na warte, du wirst hier nicht fündig!« Ich wedle mit den Armen und verscheuche den Vogel. Der fliegt schimpfend ein paar Bäume weiter. Er will seine Beute jedoch nicht aufgeben. Immer wieder versucht er, an die Meisenbrut heranzukommen. Natürlich kann ich nicht den ganzen Tag neben dem Baum stehen und aufpassen. Nach einer Viertelstunde gebe ich auf. Der Specht sitzt immer noch in der Nähe und belauert das Nest. Ich mache am nächsten Tag einen Kontrollgang. Noch piepsen die Meisen in der Birke. Ein Radfahrer hält neben mir an: »Ach, Sie haben auch die jungen Spechte entdeckt?« Ich korrigiere ihn streng: »Das sind keine Spechte, das sind Meisen!« Der Radfahrer freut sich, dass er auf eine Spezialistin gestoßen ist. Am dritten Tag sehe ich, wie der Buntspecht aus der Baumhöhle fliegt. Er hat keine junge Meise im Schnabel. Kurz darauf bringt er eine Art Motte ins Nest. Zehn Tage später steckt der erste Jungspecht seinen Kopf aus dem Astloch und schreit aufdringlich nach Atzung. Der Radfahrer von neulich kommt vorbei und lächelt listig: »Na, Ihre Meisen sind aber groß geworden!«

Na gut, die Dschungelpatrouille kann sich auch mal irren. Aber wenn im Garten gellende Alarmrufe zu hören sind, muss ich einfach nachsehen. Es gehört nun mal zu meinem Beruf, bei Streitereien und Konflikten einzugreifen. Einmal sehe ich gerade noch einen Habicht davonfliegen. Was er in den Klauen hält, kann ich nicht erkennen. Er findet die Futterstelle hier im Garten sehr interessant. Ein paar unvorsichtige Zeisige und Spatzen sind immer zugange. Manchen Morgen, wenn ich die Verandatür öffne, regt sich draußen nichts. Alle Vögel sind verschwunden. Entweder gibt es beim Ornithologen zwei Häuser weiter etwas Besseres oder Habicht und Sperber warten in einer Kiefer auf Beute. Da reicht der schrille Warnschrei einer Meise, und alle Vögel fliehen ins Gebüsch. Bei einem seiner Sturzflüge rammt der Habicht die Fensterscheibe. Ich bekomme einen Schreck, aber er fliegt davon, einen zeternden Star in den Klauen.

Beim nächsten wüsten Geschrei erwische ich zwei Amseln. Männer natürlich. Sie sind ineinander verkeilt, fliegen immer wieder Brust an Brust in die Höhe und jagen sich durch den Garten. Der eine Stänkerer will überhaupt keine Ruhe geben. Er setzt sich auf den Gegner drauf und hackt auf dessen Kopf rum. Die beiden Streithähne beachten mich überhaupt nicht. Kali, die Kampfkatze, oder der Habicht könnten jetzt problemlos zuschlagen. Ich klatsche in die Hände, und jede Amsel trollt sich in eine andere Ecke. Beide sehen zerrupft aus. Im Gebüsch sitzt eine Amselfrau, sieht sich das an und tut ganz unschuldig.

Auch zwei Stare liefern sich erbitterte Kämpfe. Äußerlich kann man Männchen und Weibchen nicht unterscheiden. Da sich in meiner Schule bisweilen auch Mädchen leidenschaftlich prügeln, könnten das also auch Starinnen sein. Die beiden catchen auf dem Rasen. In der Sonne funkelt ihr Gefieder blauschwarz. Die Vögel merken überhaupt nicht, dass ich neben ihnen in die Knie gehe und ein Foto nach dem anderen mache. Bevor es aber zu ernsthaften Verletzungen kommt, verscheuche ich die Stare. Ich weiß natürlich nicht, was sie machen, wenn ich wieder im Haus bin. Aber von meinem Schreibtisch aus habe ich einen guten Kontrollblick. Manchmal komme ich zu nichts, weil ich alle fünf Minuten in den Garten rennen muss. Einmal ist Kali, die Kampfkatze, hochkonzentriert auf dem Seitenstreifen unterwegs. Ein anderes Mal sehe ich tatsächlich, wie ein Fuchs neben der Vogeltränke mit der Pfote angelt. In der Lücke dort verstecken sich manchmal Kröten. An dem Nachmittag rette ich eine Maus, eine Amsel und einen Frosch. Menschen mit nüchterner Einstellung finden das sicher albern. »So ist die Natur eben!« Aber ich sehe auch nicht so gern im Fernsehen, wenn Löwinnen sich eine Gazelle teilen. Auch wenn die Natur nun mal so ist.

Wenn die Jungvögel losfliegen, hat die Dschungelpatrouille besonders viel zu tun. Manchmal überschätzt eine junge Meise ihre Flugkünste und landet erst mal unter dem Nistkasten auf dem Boden. Laien sammeln manchmal so verlassene Vögel ein und füttern sie daheim mit Quark und Eigelb. Ornithologen wissen, dass die Vogeleltern sich in der Regel weiter um das Junge kümmern. Damit sich nicht auch die Katze Kali kümmert, bleibe ich in der Nähe. Die Meiseneltern dulden, dass ich Fotos von dem zerzausten Jungvogel und vom Füttern mache. Manchmal döst das Junge am Boden einfach vor sich hin und denkt nicht daran, einen sicheren Ast aufzusuchen. Die Dschungelpatrouille ist aber erst beruhigt, wenn die junge Meise sich endlich in Bewegung setzt und vom Boden hochfliegt.

Bei meinen täglichen Kontrollgängen sehe ich nach, was so wächst und blüht, und sammle die vielen Kiefernzapfen ein. Der Kiefernzapfen, den ich vorm Schuppen aufheben will, ist allerdings ein winziger brauner Vogel, der gerade sein Nest verlassen hat. Er sitzt mitten auf dem Durchgang, den Fuchs und Katze gerne nehmen – regelrecht auf dem Präsentierteller. Schon Tage vorher sind im dichten Efeu Warnrufe zu hören gewesen. Den Vogellaut kenne ich noch nicht. Ich sehe die Katze auf dem Schuppendach und einen kleinen Vogel, der aufgeregt in den Zweigen rumhüpft. Ein Zaunkönig. Laut Vogelbuch machen Zaunkönige »teck-teck-teck« oder »tserrrr«. Sie bauen kugelförmige Moosnester. Im dichten Efeu hat die Katze es anscheinend noch nicht gefunden. Ich verscheuche sie vom Schuppendach, auch wenn die Nachbarin sich darüber ärgert: »So kann die Katze doch gar keine Beute machen!«

Der junge Zaunkönig auf dem Weg soll nicht gleich als Imbiss enden. Ich hole ein Gartenbänkchen und setze mich in seine Nähe. Nach und nach erscheinen drei Geschwister im Gestrüpp. Die Jungen purzeln regelrecht durch unseren Garten. Als sie die Terrasse erreichen, fliegt eins meinem Mann auf den Kopf, eins landet auf dem Tisch, ein anderes auf meiner Brust. Eins verirrt sich ins Wohnzimmer, findet aber glücklicherweise sofort wieder nach draußen. Man hört die Vogeleltern ständig rufen. Sie wollen den Nachwuchs anscheinend in den Garten des Ästheten nebenan locken. Der wohnt gerade in der Innenstadt, in seinem Garten ist es ruhig und geschützt. Eine Stunde lang sehen wir zu, wie die Jungvögel fliegen lernen und sich in Sicherheit bringen. Mein Mann ist von diesem einmaligen Erlebnis auch gerührt und fotografiert, wie ich mit meiner Kamera die Jungvögel fotografiere …

# 10

## *Randale im Starenkasten*

Gegen vier Uhr reißt mich lautes Holzhacken aus dem Schlaf. Dreht der neue Nachbar zwei Häuser weiter jetzt durch? Seit Wochen toben sich diverse Baufirmen in seinem Anwesen um die Wette aus. Ich suche das Handy, um die Polizei anzurufen, und torkle zum Fenster. Am neuen Starenkasten hängt ein Buntspecht und hämmert wie wild am Eingang herum. Aber das Holz gibt nicht nach, und irgendwann, als ich richtig wach bin, gibt der Specht auf. Vorerst jedenfalls. Am nächsten Morgen, also eher in der nächsten Nacht ist er wieder da und hämmert. Das macht er eine Woche lang. Will er dort einziehen oder nachsehen, ob Jungvögel drin wohnen? Auch der Specht ist ein gemeiner Nesträuber. Es gibt deshalb Meisennistkästen mit Metallbeschlag, damit der Specht sich nicht in die »Speisekammer« einhacken kann.

Früh am Sonntag weckt mich Schnarren und Pfeifen. Auf

dem Nistkasten macht ein Star ein Riesentheater. Er schlägt mit den Flügeln und stößt schrille Laute aus. Im Vogelbuch werden Stargeräusche anschaulich mit »wäät, wäät«, »schri-in« oder »ärr« wiedergegeben. Anscheinend möchte der Star dem ganzen Viertel mitteilen, dass er den Nistkasten in Beschlag genommen hat. Dieser laute Mitteilungsdrang überfällt ihn jeden Morgen. Er zirpt, knirscht und keckert, murmelt, maunzt, niest, singt und schreit, was das Zeug hält.

Eifrig schleppen die neuen Mieter Nistmaterial heran. Sie rupfen rücksichtslos in meinen Beeten und an meinen Blumen herum. Manchmal haben sie so viel Zeug im Schnabel, dass ihnen beim Landen die Hälfte wieder runterfällt. Vor dem Einstiegsloch gibt es keine Sitzstange. Normalerweise landen die Stare erst oben auf dem Dach, fliegen eine elegante Kurve und verschwinden im Eingang. Um aber mit ihrem Baumaterial im Nistkasten zu landen, müssen sie manchmal fünf Anläufe nehmen. Ich sehe einem Star zu, der immer wieder versucht, einen langen Zweig in den Nistkasten zu fädeln. Der Zweig ist viermal so lang wie er. Und passt natürlich nicht in den Kasten, wenn er quer gehalten wird. Der Star gibt nicht auf. Immer wieder versucht er, den langen Zweig in den Bau zu bringen. Zweimal fallen Vogel und Zweig dabei runter. Schließlich gelingt es dem Star, mit einem Ende des Zweiges in den Nistkasten zu klettern. Von drinnen zieht er den langen Zweig hinter sich her. Seine Partnerin kommt mit einem großen gelben Bambusblatt an. Auch das passt nicht gleich in die neue Wohnung. Sie landet auf dem Boden und bekämpft und faltet ihr Baumaterial dort so lange, bis es durch die Nistkastenöffnung passt.

Unter dem Starenbaum liegen Zweige, Schilf und Gräser. Alles viel zu groß und zu lang für den Nistkasten. Ich schneide es mit der Gartenschere ein wenig kleiner. Niemand sieht mich dabei, also kann mich auch niemand verspotten ... Am nächsten Morgen ist alles weg. Na also. Das Wohnbauförderungsprogramm ist angekommen.

Die Stare lieben unseren mickrigen Zierkirschbaum. Dort klauen sie Blütenzweige und fliegen damit zu ihrem Wohnsitz. So ein Star mit Blumenstrauß im Schnabel wäre ein schönes Motiv für eine Geburtstagskarte. Ich pirsche mich mit der Kamera heran. Der Vogel beäugt mich misstrauisch, lässt mich relativ nah rankommen, bevor er seine Blumen fallen lässt und ein paar Bäume weiterfliegt. Leider muss ich mich losreißen, um pünktlich in die Schule zu kommen. Mein Schulleiter hat sich zwar einmal überrumpeln lassen, einer Kollegin freizugeben, weil ihre zahme Ente notoperiert werden musste. Aber er wird wenig Verständnis dafür haben, dass ich morgens Stare beim Blumenklauen und Nestbauen beobachte.

Einige Tage später stellen die Stare den regen Flugbetrieb ein. Ich weiß nicht so recht: Brüten sie nun oder nicht? Man kann ja schlecht nachsehen. Manchmal verschwindet ein Star im Nistkasten. Im Baum davor hält der andere Wache und singt sich einen. Eines Tages höre ich beim Unkrautjäten ein ganz schwaches Zirpen im Nistkasten. Ich stehe ganz still und lausche. Der Nachwuchs ist also geschlüpft. Mit jedem Tag wird das Gezirpe lauter und schwillt besonders an, wenn die Stareneltern am Nistkasten erscheinen. Die beiden fliegen unermüdlich ein und aus. Keine Ahnung, wo sie all die Raupen und Kirschen finden. In meinem Garten jedenfalls

nicht. Einmal hängt der Buntspecht wieder am Eingangsloch. Ich verjage ihn. Er soll gefälligst Käfer und Samen
fressen.

Das leise Fiepen im Starenkasten ist nach zehn Tagen
einem fordernden Krakeelen gewichen. Die Altstare verschwinden nicht mehr im Nistkasten, sondern hängen am
Eingang und füttern von dort aus. Die Jungen klettern ihnen
anscheinend entgegen. Wie sie das machen, ist mir schleier-
haft. Es gibt an der Innenwand ja keine Stufen oder Klet-
terhaken. Ich überlege, ob immer der Stärkste am Eingang
gefüttert wird und die anderen unten zu kurz kommen.
Oder fällt das Junge irgendwann satt und leise rülpsend ins
Nest zurück und ein anderes klettert hoch? Hin und wieder
zwängen sich die Eltern meckernd in den Kasten, um die
Windeln der Jungen abzutransportieren. Die »Stoffwech-
selendprodukte« sind ganz praktisch in eine Art Hülle verpackt, sodass die Eltern bequem damit wegfliegen können.
Sie lassen das alles hoffentlich ein paar Gärten weiter fallen. – Gemeinerweise kleben sie auch ein paar »Windeln«
an unsere Gartenmöbel. Dafür hat mein Mann nun gar kein
Verständnis …

Ungefähr am 18. Tag nach dem Schlüpfen schaut der erste
Jungstar aus dem Kasten. Sofort krallt sich einer der gefrä-
ßigen Eichelhäher am Eingangsloch fest – für diesen eher
plumpen Vogel ein akrobatisches Kunststück. Der junge
Star ist so erschüttert, dass er sich stundenlang nicht mehr
sehen lässt. Dabei geben sich seine Eltern solche Mühe und
locken unentwegt. Sie halten den Jungen, die zum Eingangsloch hochklettern, das Futter in den Schnabel, ziehen es
aber wieder weg und fliegen damit in den nächsten Baum:

»Wenn du was willst, musst du schon hinterherkommen!«
Onkel und Tanten erscheinen. Zu viert sitzen sie auf dem
Kasten und rufen. Vergeblich. Die Nesthocker wollen heute
nicht raus in diese böse Welt, in der Spechte und Eichelhäher auf sie lauern.

Es ist Wochenende. Ich habe schon früh um fünf auf der
Terrasse Stellung bezogen und beobachte, was geschieht. Ich
habe noch nie gesehen, wie Vögel das Nest verlassen. Ein mutiger junger Star erscheint am Einstiegsloch und betrachtet
die Welt draußen genauer. Er macht einen ganz langen
Hals, sieht mal nach oben, mal nach unten. Fliegt er nun los?
Nein, er zieht sich zurück, schaut nach einer Weile wieder
raus, verschwindet. Im Nistkasten rumpelt und rumort es.
Anscheinend macht jemand Flugübungen. Die Kindseltern
sitzen im Busch daneben und warten. Ich sitze auf der Terrasse und warte. Erst gegen Mittag – wozu bin ich bloß so
früh aufgestanden??? – beginnt sich das Junge aus dem
Kasten zu winden. Als es mit den Schultern draußen ist,
überlegt es sich das wieder anders und windet sich zurück
in die Schutzhöhle. Das Spiel wiederholt sich drei Mal. Ich
traue mich gar nicht, neuen Kaffee zu holen oder ans Telefon zu gehen. Bestimmt fliegt der Jungstar genau dann los.
Es rumpelt und raschelt erneut. Das Junge windet sich wieder aus dem Nistkasten. Diesmal so weit, dass es kein Zurück mehr gibt. Es fliegt los. Weit über den Nachbargarten
hinweg, eskortiert von seinen Eltern. Im Kasten hört man
die Geschwister zetern und schimpfen. Aber die Eltern kommen nicht zurück.

Wie viele Junge wohl noch im Nistkasten warten? Ich
kann sie doch nicht verhungern lassen. Ich suche in Internet-

foren, was man mit Vogelwaisen macht. Eine stumpfe Pinzette zum Anreichen der Nahrung hätte ich. Die Zubereitung des empfohlenen Madenbreis bleibt mir erspart. Die Stareneltern sorgen auch für die anderen Sprösslinge. Am nächsten Tag fliegt der nächste los. Fast zur selben Uhrzeit wie der erste. Wieder sitze ich stundenlang auf der Terrasse und warte gespannt. »Deine Schwester ist am Telefon«, ruft mein Mann. »Ich kann jetzt nicht. Sag ihr, ich rufe an, sobald alle Stare ausgeflogen sind.« Das kann dauern, denn der dritte Jungvogel lässt sich viel Zeit. Warum sollte er auch bei Regen starten? Er hat noch Flaumfedern am Kopf und sieht wie ein Indianer aus. So richtig niedlich sind junge Stare nicht, wenn sie sich mit langem Hals aus dem Nistkasten recken.

Leider kann ich meine »Starenwache« nicht endlos ausdehnen. Als ich irgendwann Hunger bekomme und in der Küche nach einem schnellen Imbiss suche, entschwindet das Jüngste. Ein paarmal sehen die Eltern sicherheitshalber nach, ob noch jemand im Kasten ist. Anscheinend können Stare nicht zählen. Aber der Kasten ist leer. Dafür ist der Rasen voller Kirschkerne. Gegen Abend beziehen schon die Nachmieter den Kasten. Erst gibt es in der Luft ein paar Attacken. Anscheinend wollen die Vormieter ihre Wohnung noch nicht aufgeben. Dann sitzt ein Star triumphierend auf dem Kasten, schlägt mit den Flügeln und keckert, schnarrt, schnurrt und pfeift: »Das ist jetzt mein Nistkasten!« Die Nachmieter bauen sich das Innere nett mit Haselnusskätzchen, Blüten und Strohhalmen aus.

Die jungen Stare können schon gut fliegen. Sie sitzen in den hohen Kiefern und geben penetrante Schnarrgeräusche von sich. Ganz anders als ihre Bettellaute im Nistkasten. Vermutlich müssen sie jetzt so penetrant Krach machen, damit die Eltern sie wiederfinden. Ein Jungstar sitzt versonnen an der Vogeltränke. Wann immer ein Star vorbeikommt, fängt er laut zu betteln an. Es ist aber nicht immer Mama. Einmal ist es auch eine Elster, die böse nach ihm hackt. Das Wasserbecken findet der Jungvogel faszinierend. Immer wieder trinkt er daraus, setzt einen Fuß ins Wasser und ist ganz begeistert. Schließlich setzt er beide Füße ins Wasser und hält den Bauch ein wenig ins Nasse. Und dann fängt er an, mit den Flügeln zu schlagen und zu planschen und sich den Staub vom Nistkasten abzuwaschen. Nach dem Bad fliegt er triefend nass und etwas schwerfällig in den nächsten Baum und schnarrt nach Fütterung.

Da in meinem Garten ganzjährig nahrhafte »Energierollen« hängen, finden sich vier bis fünf Starenfamilien ein. Die Jungen bilden eine krakeelende Bande und bedrängen die Altvögel. Manchmal sitzen acht Halbstarke am Wasserbecken und wollen baden. Da sie nicht alle gleichzeitig reinpassen, streiten sie wie die Kesselschmiede. Drei Geschwister kuscheln sich auf der Wiese immer mal wieder aneinander. Dieser Mai ist ja auch kalt! Die jungen Vögel picken alles an und latschen ungeniert durch meine Beete. Einer sitzt seelenruhig in den Stiefmütterchen und köpft sie. Ein anderer hat sich mitten in den Futternapf gesetzt und verteidigt ihn vehement. Er zieht einen jüngeren Star aus einer anderen Familie am Flügel.

Junge Stare sind einfach nur braun und unscheinbar und haben noch nicht die dekorativ schimmernden Federn ihrer Eltern. Im Vogelbuch ist von Jugendkleid, Prachtkleid und

Schlichtkleid die Rede. Das Prachtkleid wird nur in der Paarungszeit angelegt. Ansonsten rennt der Star im Schlichtkleid herum.

Irgendwann wehren sich die Altvögel gegen ihre gierigen Jungen. Sie haben sie zu den Futterstellen geführt, nun sollen die Jungen selbst sehen, wie sie klarkommen. Die fressen eifrig Rosinen und Haferflocken, die ich auf der Terrasse ausgestreut habe. Sobald ein Altstar in ihrer Nähe auftaucht, beginnen die Jungen wieder hemmungslos zu betteln. Manchmal laufen 20 Stare in unserem Garten herum. Sie kommen im Schwarm und ziehen als Schwarm wieder ab. Eines Morgens höre ich ungewohntes lautes Schreien. Die Nachbarskatze auf Jagd? Nein, auf dem Rasen sitzt ein Greifvogel und »mäntelt«. Er lässt die Flügel hängen, um seine Beute zu verstecken. Anscheinend hat er einen Star erwischt. Ich weiß, so ist die Natur, das ist der Gang der Dinge. Der Habicht hat eben auch Hunger. Trotzdem scheuche ich ihn weg. Er denkt aber im Traum nicht daran, seine Beute aufzugeben. Er flüchtet mit dem zeternden Star hoch in die Bäume.

Im Herbst nehmen mein Mann und ich die Nistkästen von den Bäumen, um sie zu säubern. Mein Mann murrt: »Im Wald macht das auch niemand. Oder glaubst du, der Förster steigt in die Bäume und putzt die Nistkästen?« — »Egal, der Naturschutzbund schreibt, man solle die Nistkästen im September reinigen. Oder willst du, dass Zecken und Milben schon auf die nächste Brut lauern? Und man soll anklopfen, bevor man den Nistkasten runterholt. Es könnte jetzt eine Haselmaus drin wohnen!« Mein Mann schüttelt den Kopf und reicht mir den Nistkasten runter, ohne anzuklopfen. Glücklicherweise wohnt keine Haselmaus darin.

In den Meisenkästen finde ich sorgfältig gebaute weiche Polster. Mit Federn, Moos und einem halben Flokati-Teppich. Im Starenkasten dagegen ist ein unordentlicher Haufen von Zweigen und Gräsern. Trotz aller Bemühungen der Eltern sind jede Menge Kleckse an den Wänden. Stare sind Ferkel! Erstaunlich, dass die Nachmieter sich ein neues Nest auf dem alten gebaut haben.

Nicht alle Stare fliegen im Herbst in den Süden. Zwei haben beschlossen, in der Nähe meiner »Energierollen« zu bleiben. Ihr Geschnatter und Pfeifen hört man den ganzen Winter über. Sie sind die Ersten, die im nächsten Frühjahr den Nistkasten okkupieren und meine Krokusse köpfen.

# 11

## *Die große Ornithologin*

Meine Interessen haben sich ein wenig verschoben. Anfangs klebte ich mit der Nase am Boden und inspizierte mehrmals am Tag neue Triebe, Knospen und Blüten. Gespannt, was da wohl wachsen würde. Mittlerweile finde ich Vögel und ihr Brauchtum viel faszinierender. Den Spleen hatte ich schon früher, aber im dritten Stock eines Mietshauses sieht man allenfalls Spatzen und – wenn man Glück hat – Mauersegler. Mein Mann ist vergrätzt, weil ich bei allen Gesprächen mit einem Auge zum Fenster rausschiele, ob draußen ein neuer Vogel gelandet ist. Dabei beherrsche ich als Lehrerin und Frau Multi-Tasking perfekt. Ich kann meinem Mann zuhören und gleichzeitig mitbekommen, wie Kali, die Kampfkatze, sich an das Amselnest schleicht. »Moment«, unterbreche ich die Ausführungen meines Mannes, »ich muss mal schnell in den Garten!« Oder ich muss ihm dringend einen neuen Vogel zeigen, wenn er mir gerade vom mündlichen Abitur erzählen will: »Sieh mal, ein Kern-beißer. Die sieht man nur sehr selten!«

»Sorry, aber irgendwie klingt Ihr neues Hobby alt«, mailt mir Pascal, ein ehemaliger Schüler, bei dem meine gärtne-risch-pädagogischen Bemühungen gefruchtet haben. Er stu-diert und will Lehrer werden! Garten und Tiere: ein Hobby für ältere Menschen? Zugegeben, in Pascals Alter habe ich mich auch mehr für Discos und deren männliche Besucher interessiert, aber schon damals bin ich gern in den Botani-schen Garten gegangen, weil einem da die Meisen auf die Hand fliegen. Füttern ist dort offiziell verboten. Das könnte die zahlreichen Berliner Ratten anlocken. Man muss bei sei-nem »Rentnerhobby« gut aufpassen, wo die nächste Meise und wo der nächste Gartenarbeiter sitzt. Die Konkurrenz, eine ältere Dame, steht halb versteckt im nächsten Gebüsch und hält einer zögerlichen Blaumeise die Hand hin. Ich ver-stecke schnell meine Erdnüsse und werfe der Frau einen strafenden Blick zu: »Das darf man aber nicht!«

Ein-, zweimal gehe ich auch mit Schulklassen in den Botanischen Garten. Ein Kollege schreitet mit dem mür-rischen Pulk vorneweg (»Wir wollen keine japanischen Kirschbäume sehen, wir wollen Bowling spielen!«). Als Nachhut treibe ich die Fußkranken an und verteile heim-lich Nüsse an interessierte Meisen. Meine Schüler sind in Sachen Flora und Fauna so ignorant, dass mein »altes Hob-by« keinem auffällt. Pascal geht neben mir und erzählt etwas von Rassismus bei Sherlock Holmes. Ich tue so, als ob ich gebannt zuhöre, konzentriere mich aber voll auf die nächste Meise im Landeanflug.

»Du hättest Ornithologin werden sollen!«, sagt meine

Mutter, wenn ich ihr die neuesten Beobachtungen aus dem Garten mitteile. Auf einer einsamen Insel Seevögel zählen und Zugvögel beringen? Mir fällt ein Besuch in der ehemaligen deutschen Vogelwarte Rossitten ein, auf der Kurischen Nehrung. Ein russischer Cowboy führt unsere Touristengruppe durchs Gelände. In den vielen Netzen hat sich heute nur eine einzige Blaumeise verfangen. Ein Seeadler hätte mehr hergemacht. Der Cowboy-Wissenschaftler fängt die Meise geschickt ein und erklärt uns in seinem Labor, was alles an den Vögeln vermessen und untersucht wird. Er beringt die Meise und wiegt sie in einem Tütchen an einer Federwaage. Der Vogel ist leichter als ein Standardbrief. Bei Zugvögeln sei es sehr wichtig, dass sie sich im Sommer genug Fett für ihre lange Reise anfressen. Der Vogelwart mustert grinsend einen Mann aus unserer Touristengruppe, die Dolmetscherin übersetzt verlegen: »Sie zum Beispiel würden mit Ihren Reserven gut bis in die Sahara kommen.« Wir lachen. Der gut genährte Mann lacht notgedrungen mit.

Nach einer Ewigkeit darf die Blaumeise endlich aus dem Fenster fliegen. Jetzt vermisst der russische Cowboy eine winzige Fledermaus. Die zeigt ihm wütend die Zähne. Ich frage, ob sie auch Praktikanten nehmen. Die Landschaft ist idyllisch, ich kann gut russisch und mag Vögel. Der Cowboy fragt, ob ich kochen könne. Wodka sei genug vorhanden. Viele Rentnerinnen aus Deutschland würden sich um ein Praktikum bei ihnen bewerben. Er findet es witzig, dass bei Vögeln vor allem die Jungen unterwegs sind und bei den Deutschen vor allem die Alten. Ich halte den Besuch auf dieser Vogelwarte für etwas ganz Besonderes, ein Privileg nur für unsere Gruppe. Als wir rauskommen, warten da schon die nächsten Reisebusse.

Nein, Vögel beringen und vermessen ist nichts für mich. Ich beobachte lieber ohne Arbeitsauftrag, was die Tiere im Garten so anstellen. Leider gibt es dafür keine Planstellen, und ich muss weiter Schüler quälen und hoffen, dass die jungen Trauerschnäpper nicht gerade während meiner Deutschstunde ausfliegen, sondern erst am Wochenende.

Ornithologen könnten noch eine Menge von mir lernen! Zum Beispiel fliegen längst nicht alle Zugvögel in den Süden. Nicht nur einzelne Stare, auch Mönchsgrasmücken überwintern bei mir! Die haben das mit dem Klimawandel begriffen. Im Gegensatz zu anderen Vögeln, die sich auf ihre beschwerliche Reise machen und oft genug unterwegs in der Gastronomie landen. Es hat eine Weile gedauert, die Mönchsgrasmücken zu identifizieren. Die Tiere sehen in der Realität immer völlig anders aus als auf den Fahndungsfotos in meinen vielen Bestimmungsbüchern. Mein Mann behauptet steif und fest, der unscheinbare Vogel am Fettfutter sei ein Spatz. Und den Namen »Mönchsgrasmücke« hätte ich mir wahrscheinlich selbst ausgedacht, um ihn auf den Arm zu nehmen. Wie letztens im Urlaub, als ich ihm einen Zilpzalp hätte unterjubeln wollen. So komische Namen gebe es gar nicht. Ich zeige meinem Mann geduldig (Geduld ist die größte Tugend einer Lehrerin!) die entsprechenden Seiten im Fachbuch *Was fliegt denn da?*. Mein Mann sagt trocken: »Die sehen doch alle gleich aus. Klein und grüngrau.«

Ich finde heraus, dass sich einige Vögel Hochzeitsgeschenke machen. Rotkehlchen und Meisen füttern ihren Partner, der sich dabei wie ein Jungvogel benimmt, klägliche Bettellaute ausstößt und mit den Flügeln schlägt. Anscheinend animieren sie sich so zu Liebesspiel und Nestbau. »Liebesspiel« ist etwas euphemistisch. Das Ganze geht ruckzuck, und nicht selten hackt das Männchen dem Weibchen dabei noch auf dem Kopf herum.

Auch wenn die Jungen schon geschlüpft sind, zeigt ein Elternvogel (die Frau?) dieses Bettelgebaren. Damit der Mann bei der Stange bleibt und weiter Raupen sucht? Mir fällt auf, dass ein Elternvogel im Vergleich zum Partner immer ramponiert und ungepflegt aussieht. Ich vermute, dass ist diejenige, die zwei Wochen lang im Nistkasten festsitzt und brütet. Da hat man keine Zeit für den Friseur.

Wenn ich im Frühjahr die Blumenkästen neu bepflanze, finde ich immer zwei, drei eingebuddelte Walnüsse in der Erde. So tief graben kann kein Vogel. Das muss ein Eichhörnchen gewesen sein. Kleiber und Eichelhäher treffen aber auch Vorsorge für Hungerszeiten. Der Kleiber holt sich Sonnenblumenkerne von der Terrasse. Die stapelt er zierlich im Schnabel und versteckt sie in Baumrinden. Eine Kohlmeise schaut ihm dabei zu. Als er weg ist, klaut sie sich was von den Vorräten. Der Kleiber bemerkt das und verjagt sie wütend. Der Eichelhäher geht raffinierter vor, wenn er etwas bunkert. Er hackt ein kleines Loch in den Boden, lässt seine Beute reinfallen und drapiert oben auf dem Versteck Blätter und Gräser.

Wenn Kali, die Kampfkatze, im Garten auf eine Konkurrentin trifft, macht sie einen Buckel und legt einen seltsamen Seitwärtsgang ein, um größer und bedrohlicher zu wirken. Sie kann sogar ihr Fell zu Berge stehen lassen. Wenn

Vögel sich ums Futter streiten, versuchen sie auch, ihr Kampf-volumen zu vergrößern. Kleiber fächern ihre Schwanzfe-dern auf. Meisen lassen die Flügel halb herunterhängen und plustern sich auf. Eichelhähern schwillt der Kamm.

Attackierte Blaumeisen machen regelrechte Unterwer-fungsgesten: Sie legen sich platt auf den Boden.

## CORVUS FRUGILEGUS

Manchmal geht es bei uns zu wie in Hitchcocks Film *Die Vögel*. Krähen versammeln sich in den Kiefern und ma-chen einen Riesenrabbatz. Eine fliegt auf, die anderen fol-gen. Eine lässt sich schimpfend nieder, die anderen landen ebenfalls. Alles verbunden mit lautem Gekrächze. Ist das ein gemeinsamer Balztanz? Sie müssen die Lufthoheit mit drei Bussarden teilen. Schon oft habe ich gesehen, dass ein-zelne Krähen den Greifvögeln folgen und sie immer wieder im Sturzflug angreifen. Der Bussard entweicht elegant, aber die Krähen geben keine Ruhe. Das machen sie nicht nur, wenn sie ihre Nester verteidigen. Sie scheinen die größeren Vögel einfach gern zu ärgern. Einmal erwischen die Krähen einen jungen Bussard. Das merkt man an den »kindlichen« Lauten, die er ausstößt. Er fliegt noch ungeschickt und scheint seine Mami um Hilfe zu rufen. Vier Krähen attackieren ihn die ganze Zeit. Sie berühren ihn nicht, sondern »bedrohen« ihn nur. Letztendlich wissen sie wohl genau, wer stärker ist.

Auf dem Schulhof gegenüber liegen oft alte Tüten und Beutel rum. Nicht immer sind das die Grundschüler, die ih-ren Müll einfach auf den Boden werfen. Wenn Unterricht ist, inspizieren regelmäßig Krähen die Papierkörbe und zerren auf der Suche nach belegten Broten alles raus. Wenn im Herbst Walnüsse von den Bäumen fallen, warten die Krähen darauf, dass Autofahrer beim Drüberfahren die Nüsse für sie öffnen. Die Krähen merken auch schnell, dass im Winter vorm Supermarkt Regale mit Vogelfutter stehen. Sie hacken die Säcke frühmorgens auf und fressen in aller Ruhe, bis der Filialleiter es bemerkt. Wenn ich einen Einkaufswagen holen will, hüpfen die Krähen unwillig ein kleines Stück beiseite. Sie sehen genau zu, wie ich meine Einkäufe verstaue. Vielleicht fällt für sie ja was runter?

Im Garten erscheinen Krähen seltener. Sie sind ausgesprochen wachsam. Wenn ich oben ans Fenster trete, fliegen sie sofort weg. Ich bewege mich im Zeitlupentempo und sehe, wie sich eine Krähe am Vogelfutter bedient. Dann wandert sie durch meine Beete. Kein Wunder, dass meine Krokusse morgens immer so platt getreten sind. Füchse, Tauben und Krähen interessieren sich nicht die Bohne für meine gärtnerischen Bemühungen. Die Krähe vergräbt einen Teil ihrer Beute und deckt diese Stelle anschließend mit altem Laub und Grashalmen zu. Raffiniert.

Besonders garstig werden Krähen, wenn ihre Brut das Nest verlässt. Die Jungen sind schon groß, aber noch sehr unbeholfen. Sie können nicht gleich fliegen und klettern erst mal auf den Ästen rum. Deswegen heißen sie auch »Ästlinge«. Manche landen auf dem Boden und können nicht hochfliegen. Ich will mir so einen Jungvogel näher ansehen, da streift mich etwas wie ein Lufthauch. Eine Krähe fliegt dicht über meinen Kopf hinweg. Und startet gleich wieder zum Angriff. Sie tut mir nichts, aber ich ziehe mich trotzdem zurück. Ein Freund erzählt, dass ihm in der Innenstadt eine Krähe richtig auf den Kopf gehackt hat. Auch er war den Jungen zu nahe gekommen. Während ich das schreibe, machen die Krähen draußen wieder ein Riesenfass auf. Ich muss unbedingt nachsehen, was los ist! Am helllichten Tag geht ein Fuchs auf dem Schulhof spazieren und inspiziert gründlich die Abfälle. Mit Sicherheit würde er sich auch junge Krähen einverleiben.

## TURDUS MERULA

Die Amsel in der Vogeltränke hat anscheinend mal was von »Kryotherapie« gehört oder sie ist Mitglied in einem Eisbade-Club. Dort sind Menschen vereint, die sich »Seehunde« oder »Eiszapfen« nennen, im Winter ein Loch ins Eis hacken und baden. Und der Presse erzählen, das sei gut für den Organismus. Es härte nicht nur ab, sondern wirke auch gegen Panik und Angst, verbessere den Schlaf und erhöhe die Testosteronproduktion. Was wohl die Amsel bezweckt? Es sind gerade mal zwei Grad, und sie planscht schon geraume Zeit in der Vogeltränke. Ich mache mir ernsthafte Sorgen, dass sie sich schwer erkältet. Mein Mann hat wieder mal eine gute Idee: »Stell ihr doch das Rotlicht hin!« Die Amsel schüttelt sich und fliegt, weil sie so nass ist, etwas schwerfällig davon. Krank wird sie erst im Mai. Als die Sonne kräftig scheint, liegt die Amsel hilflos zwischen den Stiefmütterchen: aufgeplustert, mit ausgebreiteten Flügeln und aufgesperrtem Schnabel, als ob sie keine Luft mehr bekommt. Will die jetzt demonstrativ direkt vor mir das Zeitliche segnen? Soll ich sie in die Poliklinik für Kleintiere einliefern lassen? Ich komme näher. Als ich zufassen will, rappelt sich die Amsel auf und hüpft ins Unterholz. Dort putzt sie sich ausgiebig. Ich beobachte, dass sich viele Vögel so sonnen. Junge Meisen oder Rotkehlchen, auch junge Eichelhäher fächern ihr Gefieder genauso auf, wenn die Sonne scheint. Sie liegen auf dem Bauch im Beet oder auf dem Rasen, öffnen den Schnabel weit und sehen aus wie paralysiert.

Ich weiß nicht, wie viele Amseln hier wohnen. Im Winter erscheinen manchmal zehn gleichzeitig am Futtertrog. Ich würde sie für meine Forschungszwecke gern kennzeichnen, aber sie verweigern jede Mitarbeit. Bisher habe ich Amseln für friedlich und scheu gehalten. Das stimmt nicht. Sie jagen, streiten und raufen sich, was das Zeug hält. Vielen fehlt ein Stück der Schwanzfeder oder sie haben seltsam zerrupfte Stellen im Gefieder. Ich sehe Amseln, die viel größere Eichelhäher verscheuchen. Und der Eichelhäher lässt sich tatsächlich von dem kleinen, aggressiven Vogel beeindrucken. Bestimmt wollte er nur mal unverbindlich nachsehen, was im Amselnest so los ist.

Amselmädchen weichen ihr Baumaterial in der Vogeltränke ein. Sie halten nichts von Trockenbauweise. Eine Nachbarin will kein Amselnest im Ziergebüsch und entfernt deshalb die ersten Ansätze. Am nächsten Tag hängt an derselben Stelle ein fertiges Nest. Da gibt sich die Nachbarin geschlagen und lässt den Vogel in Ruhe. Ein paar Tage lang sitzt die Amsel unerschütterlich auf ihren Eiern. Dann verlässt sie das Nest. Haben ihr die Leute auf der nahen Straße zu viel Krach gemacht? Ist ihr eine Elster ins Nest gefolgt?

Auch in meinem Garten verlassen etliche Amseln wieder ihr Nest. Obwohl so viele Gierschlunde nach Amselnestern fahnden, kommen doch ein paar junge Amseln durch. Amseln sind Nestflüchter. Sie rennen los, bevor sie fliegen können. Tagelang hört man die Bettellaute der Jungen und die Warnrufe der Alten. Manchmal gehe ich so ein Junges suchen. Das sitzt dann ganz still im Efeu und rührt sich nicht von der Stelle. Wenn die Jungen fast ausgewachsen sind, verlassen sie das schützende Gebüsch und verfolgen ihre Eltern durch den Garten. Selbst halbstarke Amseln machen noch einen auf jung und hilflos. Die geplagten Eltern flüchten irgendwann vor dem aufdringlichen Nachwuchs.

Amseln sind nicht blöd. Ich höre wiederholt ein Knacken. Dort lässt eine Amsel immer wieder ein Schneckenhaus auf eine Steinplatte fallen, bis die Schale platzt und die Amsel an den leckeren Inhalt kommt. Im Nachbargarten liegt Kali, die Katze, auf einem Korbstuhl in der Sonne. Anscheinend hat sie in der Nacht schon ihr Jagdfieber ausgelebt. Über ihr im Baum sitzt eine Amsel und schimpft unentwegt. Dabei rührt sich die Katze ausnahmsweise gar nicht. Eine Stunde lang hören auch wir drüben das Gezeter der Amsel. Es nervt! Dabei können diese Vögel so schön singen.

Der erboste schwarze Vogel erinnert sich anscheinend daran, dass Kali vor ein paar Tagen eine Amsel erwischt hat. Die Dschungelpatrouille konnte nur am Zaun stehen und schimpfen. Man kann ja nicht einfach in fremde Gärten einmarschieren. Die Amsel lag tot auf dem Rasen. Eine andere Amsel hüpfte der Katze vor der Nase herum und lockte sie immer weiter weg. Auf einmal erwachte die tote Amsel wieder zum Leben und flog mit ihrem Kumpel davon.

Über meinem Schreibtisch hämmert und klopft es. Im Dachfirst sitzt eine Blaumeise. Sie hat einen kleinen Spalt im Gebälk gefunden und scheint ihn mit aller Kraft vergrößern zu wollen. »Die macht mir das Dach kaputt«, schimpft mein Mann. Auf der anderen Hausseite wohnen in jedem kleinen Ritz vergnügte Spatzenfamilien. Die nisten gern in Familienverbänden. Deshalb gibt es für sie im Naturversand kleine Reihenhäuser als Nistkästen. »Ein wahres Wunder, dass sich durch die Vögel das Dach noch nicht abgesenkt hat«, spotte ich. »Nächstes Jahr schmieren wir alle Löcher mit Rigips zu!«

Auch in den hölzernen Nistkästen wird ab März gezimmert und gedübelt. Bauen die Meisen Treppenstufen für ihre Jungen ein? Ein Blaumeisenkopf erscheint immer mal wieder im Loch des Nistkastens und pickt sich das zurecht. Mit dem Ornithologen zwei Häuser weiter führe ich jedes Jahr einen harten Konkurrenzkampf, wessen Nistkästen zuerst bezogen sind und wer die niedlichsten Meisen hat. In diesem Jahr hat leider er gewonnen. Bei mir stehen noch zwei Nistkästen leer, während bei ihm alle bezogen sind. Behauptet er zumindest. Wenn ich seinen fachmännischen Rat suche, schaut am Gartentor eine Blaumeise zufrieden aus dem Nistkasten, die andere hält im Gebüsch davor Wache. Sie haben den Nistkasten erfolgreich gegen die größeren Kohlmeisen verteidigt, indem sie immer wieder im Sturzflug schimpften: »Wir waren zuerst da!«

»Deine Meisen sind gar nicht so niedlich!« Mein Mann reicht mir einen Zeitungsartikel, demzufolge Kohlmeisen in Ungarn winterstarre Fledermäuse angefressen haben. »So was machen meine nicht!«, antworte ich. Meine Meisen warten schon morgens auf mich. Wenn ich sie nicht gleich bemerke, machen sie laut auf sich aufmerksam. Oder fliegen so dicht vor mir auf und ab, dass ich sie einfach bemerken muss. Ich funktioniere sofort und hole Nusskrümel aus meiner Jackentasche.

Irgendwann im Mai beginnt das hauchzarte Piepsen in den Nistkästen. Zunächst hört man es nur, wenn man sich dicht an den Baum stellt. Aber von Tag zu Tag wird es lauter und fordernder. Wenn die jungen Vögel eines Tages aus dem Nistkasten schauen, dauert es vielleicht noch einen Tag und sie fliegen los. Diesen Zeitpunkt zu erwischen ist schwierig. Meist findet man nachmittags nur noch einen verlassenen Nistkasten vor. Aber die Blaumeisen in dieser Saison tun mir den Gefallen und führen mir ihren Abflug vor, kurz bevor ich in die Schule muss. Ich stehe mit der Aktentasche im Garten und sehe entzückt zu, wie eine Meise nach der anderen sich aus dem kleinen Einstiegsloch zwängt und losfliegt. Fünf Stück, die jetzt im nächsten Baum lautstark nach den Eltern rufen. Auch diese Jungvögel entwickeln sich zu kleinen Terroristen, die wütend zetern, wenn ihre Eltern ihnen nicht pausenlos Raupen und Fliegen in den Rachen stopfen. Man hört im Frühsommer das Geschrei aus allen Hecken und Büschen. Jungvögel können ihren großen Schnabel wie einen Trichter öffnen, in dem der Kopf des Elternvogels regelrecht verschwindet. Ich habe jede Menge Beweisfotos!

Eines Morgens sitzt eine erschöpfte Altmeise auf meinem Frühstückstisch und holt sich eine Erdnuss. Sofort fallen vier Junge regelrecht über sie her, um ihr die Beute zu entreißen. Die Mutter flüchtet, und alle Jungvögel fliegen ihr hinterher. Man kann verstehen, dass die Eltern irgendwann die Nase voll von ihrem aufdringlichen Nachwuchs haben. Die fünf halbstarken Blaumeisen kommen noch mehrere Tage als Pulk auf die Terrasse. Sie hängen gemeinsam am Futterknödel, baden als Kollektiv in einer Pfütze und dösen nebeneinander auf einem Kiefernast. Irgendwann tauchen sie nur noch einzeln am Futterknödel auf. Wobei es erstaunlich ist, wie zänkisch und kampfbereit sie sein können. Ein Spatz ist doppelt so groß wie sie, und trotzdem »bedrohen« sie ihn, schimpfen und zetern. Der Spatz ist völlig irritiert und sucht erst mal das Weite.

Wenn im Herbst eine Blaumeise vorm Fenster sitzt, weiß ich nie, ob ich sie aus dem Sommer »kenne«. Es müsste so einen Bausatz »Gartenvögel beringen« geben.

## GRUIDAE UND GARRULUS GLANDARIUS

In den Wolken trompetet es. Ein älterer Herr auf dem Wochenmarkt ist ganz ergriffen: »Die Kraniche sind zurück!« Ich sehe ein paar kleine schwarze Punkte am Himmel. Kraniche über Berlin? Geht's noch? Vermutlich zieht da oben ein Schwarm Wildgänse gen Schweden. Ein wenig mitleidig nicke ich dem älteren Herrn zu.

Das war vor einigen Jahren. Mittlerweile kann ich die »Gesänge« von Kranichen und Wildgänsen unterscheiden. Und bin auch ergriffen, wenn die Kraniche zurück sind. Sie wohnen zwar nicht in meinem Garten, aber ein paar

Kilometer hinter Berlin halten sie sich gern auf Feldern und in Fischteichen auf. Zu Hunderten fahren die Berliner im Herbst ins Umland, um dort Tausende von Kranichen zu beobachten. Auch Wildgänse machen gern Zwischenstopp im Umland. Manchmal stehen Massen von ihnen auf einem Feld, alle mit dem Schnabel in dieselbe Richtung. Wenn ich im Frühling die ersten Blumen von Laub und Kiefernnadeln freischaufle, fliegen Schwärme von Wildgänsen und Kranichen über mich hinweg. Das wäre mir früher gar nicht aufgefallen. So, wie es vielen Leuten nicht auffällt, weil sie gerade auf ihr Smartphone starren. Ich zeige meinen Schülern in der Hofpause die Kraniche am blauen Himmel. Daniel hält mir sein Handy hin: »Sehen Sie mal, ich habe eine Vogel-App!« Er besieht sich Kraniche auf seinem Smartphone. Für die realen Vögel am Himmel hat er keinen Blick.

Ich kann jetzt auch Habichte, Sperber, Milane und Bussarde identifizieren. Und finde es faszinierend, dass ein Bussard bei uns im Garten gelandet ist! Aus dem Efeu in der Kiefer hört man die typischen Rufe. Dabei haben diese Greifvögel normalerweise eine große Fluchtdistanz. Sie fliegen schon weg, wenn man auf den Feldern stehen bleibt, nur um sie durchs Fernglas zu beobachten. Der Bussard ruft, aber im Efeu ist nichts zu erkennen. Der einzige Vogel, der in dem dichten Laub sitzt, ist ein Eichelhäher. Während er über die Gärten fliegt, stößt er weiter Bussardrufe aus. Er ist nicht der einzige Vogel mit Fremdsprachenkenntnissen. Auch Stare haben ein großes Repertoire an fremden Lauten.

Den Bussard machen anscheinend alle Eichelhäher gern nach. Ob im Wald, im Park oder in den Gärten: Wann immer ein Raubvogel ruft, ist es fast jedes Mal ein Eichelhäher

mit Nachahmungstrieb. Meiner kann aber auch miauen.
Und er äfft die Bettellaute der jungen Amseln nach. Außer
diesem hässlichen Eichelhäher-Ratschen kann er auch ganz
leise Plapperlaute produzieren. »Sieh mal, der Eichelhäher
unterhält sich mit mir!« – Mein Mann tippt sich leicht an
die Stirn und liest weiter Zeitung. Ich habe mich als Kind
immer nett mit meinem Wellensittich unterhalten. Das geht
auch mit dem Eichelhäher. Ich flöte ein paar Töne, der Eichelhäher im Baum hört zu und imitiert ganz eindeutig meine Vorgabe. Dann bin ich wieder dran, und er antwortet. So
geht das eine Weile hin und her. Ich beruhige mich damit,
dass es ja auch Menschen gibt, die Bäume umarmen und
ihnen Gedichte vorlesen. Damit verglichen ist mein Hobby
doch harmlos … Als ich in mein Auto steige, sehe ich eine
Katze die Straße entlangrennen. Sie flüchtet vor zwei Eichelhähern, die dicht über ihr fliegen, und versteckt sich schließlich unter einem parkenden Auto.

Wenn ich wie eine Salzsäule erstarre, kommt der große
Vogel näher und holt sich die Nüsse, die auf der Terrasse liegen. Er stopft so viele in seinen Kehlsack, dass er ganz unför-
mig aussieht. Weniger niedlich ist, dass er einen Tag später
in der Birke sitzt und einen jungen Vogel rupft. Die Strafe
folgt auf dem Fuß. Zwei dicke Krähen haben das Eichelhähernest in einer Baumkrone entdeckt. Die Vogeleltern
schimpfen, aber das beeindruckt die Krähen überhaupt
nicht. Die Dschungelpatrouille ist leider nur als Bodentrup-
pe einsetzbar und muss zusehen, wie die Krähen sich am
Eichelhähernest bedienen.

## TENEBRIO MOLITOR –
## VORSICHT, NICHTS FÜR SENSIBLE!

Die ornithologische Fachliteratur verdrängt nach und nach die Gartenbücher aus meinen Regalen. Die meisten Schulbücher sind bereits im Keller gelandet. In der Zeitschrift *Mein gefiederter kleiner Freund* lese ich, dass viele Gartenvögel Mehlwürmer unwiderstehlich finden. Beim Suchen im Internet lande ich erstaunliche Treffer. Ein Insektenkochbuch (für die Hand des Menschen!) mit leckeren Rezepten: Heuschrecken in Schokolade, Grillen-Kokos-Suppe und Studentenfutter aus Mehlwürmern. Heuschrecken schmecken angeblich leicht nussig, und Mehlwürmer erinnern manchen Feinschmecker an Hühnchen oder Popcorn. Über zwei Milliarden Menschen in über 80 Ländern ernähren sich von Insekten. Bereits im Alten Testament erlaubt Gott den Konsum von Heuschrecken (3. Buch Moses, Kapitel 11, Vers 22).

Auf Dauer wird die Menschheit ohne den Verzehr von Insekten nicht satt werden, sagt die Welternährungsorganisation. Neun Milliarden Menschen werden im Jahr 2050 Fleisch essen wollen. Dafür bräuchte man eine zweite Erde. Oder eine Ernährungsumstellung … Eine Baumwanze hat angeblich so viel Protein wie ein Steak. Und sie pupst kein Methan in die Atmosphäre. Eintausendsiebenhundert essbare Insekten soll es geben. Da müsste ja für jeden was dabei sein!

Ein Versandhaus am Bodensee preist seine marinierten und getrockneten Mehlwürmer als wahre Delikatesse an. Sie enthalten 70 Prozent Eiweiß. Außerdem bereichern sie den menschlichen Organismus mit Vitaminen, Mineralien und ungesättigten Fettsäuren. Man kann sie warm oder kalt genießen. Sie sind frei von Farbstoffen und Stabilisatoren. Das wäre doch eine originelle Menü-Idee für den Geburtstag meines Mannes. Ich drucke ihm ein paar Rezepte aus. Seither spricht er nicht mehr mit mir.

In der Regel werden Mehlwürmer im Internet als Köder für Angler oder als Tierfutter angeboten. Für das kleine Chamäleon hinterm Sofa oder den Alligator im Blumenfenster. Man kann Mehlwürmer auch selbst züchten. Sie sind enorm aktiv, was die Vermehrung anbelangt. Es sind übrigens gar keine Würmer, sondern die Larven des Mehlkäfers. Sie sind nicht weich und klebrig, sondern hart und trocken. Wie der Name schon sagt, mögen sie Mehl und lauern in den Ritzen von Bäckereien. Ohne Schoko-Überzug oder Honigkruste gelten sie als Vorratsschädlinge.

Im Naturversand gibt es als Sonderangebot einen Posten Mehlwürmer und eine schicke Aufbewahrungsbox mit Luftlöchern. Die Vorstellung, von gierigen Gartenvögeln umschwirrt zu werden, entzückt mich. Ich bestelle das Sonderangebot. Das Paket kommt schon am nächsten Tag. Ich öffne es, um die Tierchen aus ihren Transportschachteln zu befreien und in die luxuriöse Wohnbox umzusetzen. Ich habe mir bei der Bestellung allerdings nicht klargemacht, was ein Kilo Mehlwürmer bedeutet. Es sind zehnmal so viele, wie die große Aufbewahrungsbox fasst. Gut, dass mein Mann gerade eine Kursfahrt mit der Oberstufe nach Weimar macht und die neuen Mitbewohner nicht sieht. Ein halbes Kilo Mehlwürmer gebe ich gleich dem Biologie-Kollegen, der die Terrarien unserer Schule betreut. Der Mann freut sich riesig. Die Rennmäuse und die Hamster freuen sich noch viel mehr. Im Lehrerzimmer hat jede Lehrkraft ein Postfach. Beim Bio-Kollegen zirpen darin manchmal Grillen für seine Warane. Jetzt ringeln sich dort Mehlwürmer. Leider hat eine Schachtel einen Riss, und die Englisch-Kollegin wird ganz hysterisch, als sie ein paar harmlose Larven auf ihren Klausuren findet. Ich erzähle ihr von nachhaltiger Ernährung und dem hohen Eiweißgehalt der Mehlwürmer. Ergebnis: Die Frau meldet sich krank.

Die anderen Mehlwürmer aus dem Naturversand wohnen in unserem Schuppen. Da kommt mein Mann nur selten hin. So einmal im Jahr, wenn er den Rasenmäher holt. Er wundert sich ein wenig, was ich jeden Tag in dem Schuppen treibe. Die Mehlwürmer müssen schließlich gefüttert und gesäubert werden. Es tut mir schon leid, dass sie am Ende der Nahrungskette stehen. Aber es stimmt: Die Vögel im Garten sind entzückt. Wenn ich auf der Terrasse sitze, landen manchmal zwei Kohlmeisen gleichzeitig auf mir. Eine postiert sich auf meinem Bein und schaut mich auffordernd an. Die andere sitzt auf meiner geschlossenen Hand und versucht mich durch mehrfaches Zwicken dazu zu bringen, die Hand zu öffnen und ihr endlich den Mehlwurm zu überlassen. Sogar die sonst so scheuen Blaumeisen und Tannenmeisen fallen völlig enthemmt über mich her. Zwei weibliche Kamikaze-Spatzen stürzen sich ins Gefecht um einen Mehlwurm. Ein Star weicht erschrocken vor ihnen zurück. Anscheinend weiß er nicht, dass er doppelt so groß ist. Eine gierige Amsel kann den Schnabel nicht voll genug bekommen. Immer wieder fällt ihr was runter, weil sie zwischen die acht Mehlwürmer unbedingt noch drei Rosinen packen will. Jedes Mal, wenn sie neu sortiert, stürzt sich ein dreister Spatz dazwischen und klaut ihr was.

Till, der Nachbarsjunge, findet meine Mehlwürmer äußerst interessant. Er will unbedingt ein paar haben, um ihre Entwicklung zu verfolgen. Entzückt richtet er ihnen ein Marmeladenglas mit Sägespänen ein. »Die nimmst du aber nicht mit ins Haus, ohne deine Mutter zu informieren!«, lege ich ihm dringend ans Herz. Um den nachbarlichen Frieden zu wahren, informiere ich seine Mutter auch noch per Mail, dass Till jetzt im Besitz von fünf Mehlwürmern ist. Die Mutter antwortet, das Glas stehe schon auf dem Nachttisch. Ich solle mir keine Sorgen machen, denn Mütter seien glücklich, wenn ihre Kinder glücklich sind. Ich glaube, der Satz ist ironisch gemeint. Als Gegengeschenk bekomme ich von Till vier fette Larven des Nashornkäfers. Richtig niedlich sind die auch nicht. Die Larven brauchen Totholz und fünf Jahre Ruhe, um zu Käfern zu werden. Ich versenke sie in einem alten Baumstumpf, der von einer gefällten Kiefer übrig geblieben ist. Till schenkt mir auch noch ein bisschen Mist und Mulch, womit ich die Larven bedecken kann. Füchse finden diese dicken Eiweißbomben nämlich richtig toll. Ich erfahre aus dem Internet, dass diese Käfer unter Naturschutz stehen, man sie nicht kaufen, verkaufen oder in Besitz nehmen darf. War die Annahme des großzügigen Geschenks jetzt schon strafbar? Ich bedecke den Baumstumpf sorgfältig mit Kiefernzweigen, um den Fuchs abzuhalten. Ich hoffe, mein Mann vergisst nicht, dass er dort nicht »aufräumen« soll.

Ich weiß natürlich, dass Vögel sich nicht allein von Mehlwürmern ernähren dürfen. Sie werden sonst zu fett und erreichen die vorgeschriebene Flughöhe vielleicht nicht mehr. Also gibt es nur hin und wieder ein, zwei Mehlwürmer.

Wenn ich morgens nicht schnell genug rauskomme, tanzen die Vögel vorm Fenster auf und ab. Will ich mir in der Küche erst mal einen Kaffee kochen, warten dort vorm Fenster schon Amseln und Meisen im Geäst. Öffne ich das Fenster, fliegen die Meisen auf die Einfassung und sehen mir beim Kaffeekochen zu. Und wenn ich nicht aufpasse, marschieren sie zu Fuß ins Wohnzimmer und suchen gezielt nach den Leckereien aus dem Versandhaus. Ich höre etwas picken und hacken: Eine Meise sitzt auf der Plastikschachtel und versucht, an die Mehlwürmer heranzukommen. Eine andere Meise hat es bis ins oberste Stockwerk geschafft und sitzt dort schimpfend in einer Palme. Als erfahrene Dschungelpatrouille weiß ich, dass ich mich jetzt ganz langsam und vorsichtig bewegen muss, damit sie keinen Schreck bekommt und gegen die Scheibe fliegt. Doch diese Meise beobachtet mich völlig ungerührt und wartet, dass ich ein Fenster öffne, damit sie nach draußen schwirren kann.

An der Vordertür stehen zwei Rotkehlchen Schlange. Ich muss aber erst mal in den Keller runter, um eine Portion Mehlwürmer aus dem Tagesversteck zu holen. Als ich zurückkomme, sitzt ein Rotkehlchen schon oben auf der Kellertreppe und erwartet mich.

Wenn ich durch den Garten gehe und mich auf die Blumen konzentriere, fliegen einzelne Vögel direkt vor mir in eine Hecke oder flöten und pfeifen so lange, bis ich wieder zum Futterautomaten werde. Ein Star marschiert auf der Veranda rum, meckert und nörgelt, bis ich endlich reagiere. Zufrieden fliegt er mit seiner Beute davon.

Mein Mann kommt entnervt vom Frühstück auf der Terrasse zurück: »Das ist ja nicht auszuhalten. Auf allen Stühlen sitzen Vögel und starren einen an! Ein paar fliegen einem regelrecht in die Zeitung. Eine Spätzin hat mich in die Zehen gezwickt. Außerdem kacken sie alles voll! Ich will eine Katze!« Schuldbewusst renne ich mit einem Lappen raus und wische Tisch und Stuhllehnen ab. Stelle den Wasserstrahl vom Gartenschlauch so scharf ein, dass ich damit den Terrassenboden kärchern kann.

Wer gerne Besucher empfängt, sollte von Ganzjahresfütterung Abstand nehmen. Nicht alle Besucher schätzen es, wenn ihnen Meisen auf den Teller fliegen. Ich bin hingerissen, als die winzige Tannenmeise mir ihren Nachwuchs zuführt: zwei kleine schreiende Vögel.

Ich will meiner alten Mutter meinen Zoo vorführen. Sie hat mit vier Kindern und diversen Wellensittichen zusammengelebt und ist nicht so empfindlich, was Vogelkleckse angeht. Sie sitzt erwartungsvoll auf der Terrasse. Natürlich kommt jetzt kein einziger Vogel. Eine Kohlmeise tänzelt am Tischende herum, ziert sich unheimlich, reckt den Hals und fliegt wieder weg. So ist das ja immer, wenn man etwas vorführen will. Meine Mutter hält eine Hand mit Nusskrümeln in die Luft. Ein Rotkehlchen schwebt mal unverbindlich drüber, aber landet nicht. Na klar, die kennen nur meine Hände, die gehen nicht zu jedem. Nach einer Stunde erbarmt sich eine Meise und fliegt meiner Mutter auf die Hand. Sie ist entzückt. Kurz bevor sie gehen will, gibt sich ein junger Fuchs die Ehre und schaut mal kurz im Garten vorbei. Er rennt über die Wiese, trinkt aus dem Vogelbecken und kratzt sich ausgiebig. »Der Arme hat Würmer«, sagt

meine Mutter. »Dass du mir den ja nicht anfasst. Hörst du?!«
Die Mehlwürmer hat sie nicht gesehen. Die halte ich in einer
kleinen neutralen Schale unterm Tisch verborgen, aber leider entdeckt mein Mann seine neuen Mitbewohner. »Die
kommen mir nicht ins Haus!«, schimpft er. Da sind sie aber
längst ... Im Keller sind ein paar ausgebüxt, und ich habe
sie noch nicht wieder einfangen können. Sie sollen – wie
bereits erwähnt – sehr vermehrungsfreudig sein.

(Viel gelernt habe ich aus dem Artikel »Mehlwürmer als
Mahlzeit« von Nikolaus Piper, erschienen auf *sueddeut-
sche.de*, 12. März 2012.)

# 12

## Niedliche Nager

### APODEMUS AGRARIUS

Sie nennen sich »Mausi« und »Mäuschen«, aber beim Anblick einer winzigen Maus werden manche Menschen hysterisch. Das befürchtet anscheinend auch unsere französische
Vermieterin, als sie ganz vorsichtig mitteilt, dass unser Ferienhaus bereits bewohnt ist. Sie hat Fußspuren im Mehl
und kleine Köttel in der Küche gefunden. Aber die Mausefalle steht schon bereit, beruhigt sie uns. Ich verziehe das
Gesicht. Die Aussicht, vor dem Frühstück eine zerquetschte
Maus zu entsorgen, erfreut mich wenig. Mir fällt ein Grillfest bei Bekannten ein, auf dem sich vor allem die Männer
angeregt über effektive Mausefallen ausgetauscht haben:
kleine Guillotinen, eiserne Jungfrauen, elektrische Stühle.
In einer anderen Ecke erzählen sich die Frauen amüsante-
re Erlebnisse. Eine Freundin entdeckt eine Maus, die neben

ihrem Computer sitzt. In einer Mietwohnung im vierten Stock. Bei einer anderen Freundin jagt die Katze eine Maus durch den Garten. Die Maus flüchtet ins Haus und in einen Eckschrank in der Küche. In diesem Eckschrank befindet sich eine Platz sparende Drehscheibe für Töpfe und Pfannen. Meine Freundin sucht nach der Maus, findet sie aber nicht. Die Katze sieht gespannt zu. Sie glaubt, eine Jagdgefährtin gefunden zu haben. Beim dritten Durchlauf dieser Drehscheibe stellt meine Freundin fest, dass die Maus in einem Milchtopf sitzt und darin Karussell fährt. Die raffinierte Maus wird belohnt und im Garten freigelassen. Die Katze muss so lange im Haus bleiben.

Unsere französische Vermieterin mag nicht nur Pferde, Schafe, Hunde und Katzen. Sie rettet morgens auch Kröten und Frösche aus dem Pool. Und sie hat eine Lebendfalle für Mäuse. Ich wusste nicht, dass es so etwas gibt. Ich lasse mir den Mechanismus erklären, klemme ein Stück Weißbrot rein und stelle die Falle neben die Kaffeemaschine. Tatsächlich rennt am nächsten Morgen eine nervöse Maus in dem kleinen Käfig hin und her. Wir lassen sie vor dem Supermarkt auf einer Wiese frei. Sie flüchtet in hohen Sprüngen. Ein Franzose auf dem Parkplatz beobachtet uns. »Bekloppte Touristen« steht ihm ins Gesicht geschrieben. Bei ihm erledigt mit Sicherheit die Hofkatze solche Probleme.

Als wir wieder in Berlin sind, huscht öfter eine Maus über die Terrasse. Sie hat einen schwarzen Streifen auf dem Rücken und interessiert sich brennend für die »Rotkehlchen-Delikatessen«, die auf der Terrasse ausgestreut sind. Während ich im *Naturführer* nach ihrem Namen suche, schleppt die »Brandmaus« eine Kirsche weg, die eigentlich für eine brütende Amsel bestimmt war.

Die Maus wird von Tag zu Tag dreister. Sie rennt zwischen meinen Füßen herum und besieht sich meine Zehen. Sie springt mühelos auf die Gartenliege, wenn die Schüssel mit dem Vogelfutter dort oben steht. Sie sitzt in der Tüte mit den Sonnenblumenkernen und frisst sich in aller Ruhe voll. Wenn ich die Schüssel hochhebe, sieht die Maus mal eben zur Orientierung über den Rand und frisst weiter.

Als mein Mann das Tier entdeckt, reagiert er unwirsch. Er stampft mit dem Fuß auf, damit es wegrennt. Kaum ist mein Mann im Haus, sitzt die Maus wieder am Vogelfutter. Mein Mann ist auf einem Bauernhof aufgewachsen, dort gelten Mäuse als Schädlinge. Sie fressen die Ernte auf, unterwühlen Gehöfte und Weinberge, übertragen Pest und Cholera und vermehren sich im Sekundentakt. Auf dem Dorf kredenzt niemand den Katzen Leberpastete mit Petersilie wie in der Werbung. Dort müssen die Katzen Mäuse und Ratten fangen.

»Das ist eine Brandmaus, keine Hausmaus«, versuche ich abzuwiegeln, »die ist nützlich, weil sie Insekten und Schnecken frisst.« Ich zeige meinem Mann die Beiträge im Internet, die solche Behauptungen aufstellen. Ich weise nicht extra darauf hin, dass inzwischen zwei Brandmäuse durch die Beete flitzen. Wenn sie sich begegnen, führen sie kurze Boxkämpfe auf: Sie sitzen auf den Hinterbeinen und fuchteln mit den Vorderpfoten rum. Sie sind aber zu wuselig, als dass mir so ein Kampffoto gelingen würde. Damit würde ich beim nächsten Foto-Wettbewerb bestimmt einen Preis gewinnen. Aber in der Sekunde, die meine Kamera

zum Fokussieren braucht, sind die Mäuse längst im Holz-
stapel verschwunden. Nur wenn sie arglos im Vogelfutter
sitzen, kann ich sie fotografieren. Um ein schönes Porträt
zu bekommen, ziehe ich die Schale mit den »Rotkehlchen-
Delikatessen« näher zu mir heran. Die Brandmaus hält den
Napf fest und lässt sich damit über die Terrasse ziehen, bis
sie vor meinem Objektiv sitzt. Schnecken und Insekten
frisst sie mit Sicherheit nicht. Meine Blumen haben jeden
Morgen neue Schnecken-Fraßlöcher.

Leider gelingt es mir nicht immer, meinen Mann durch
politische Diskussionen abzulenken, und so entdeckt er, dass
sich vor unserer Terrasse mittlerweile drei Brandmäuse ver-
gnügen. Er vermutet, dass es in Wirklichkeit weit mehr als
drei Stück sind, und plant die Anschaffung einer Katze. Ich
jammere über die enorme Katzendichte in unserem Viertel. Es sei unnatürlich, dass in jedem Garten so ein Räuber
wohne, der vor allem Singvögel jage. Und bevor wir eine
Katze anschaffen, siedle ich die Mäuse um. Schwöre ich hoch
und heilig.

Nachbarkind Till besitzt eine geräumige Lebendfalle.
Derzeit fängt er alles ein, was sich bewegt, beobachtet es genau und lässt es abends wieder frei. Wobei ich glaube, dass
vor allem seine Mutter darauf drängt, dass die Tiere wieder
entkommen. Sonst würde Till sie abends mit ins Bett nehmen: Frösche, Kaulquappen und Hirschkäfer. Till kennt
jede Maus im Garten. Er markiert sie mit einem ungiftigen
Stift. Eine Brandmaus hat er schon fünf Mal gefangen und
wieder freigelassen. Behauptet er.

Till missbilligt mein Vorhaben, die Mäuse umzusiedeln.
Ich würde heile Familien auseinanderreißen und hilflose

Babys dem Hungertod preisgeben. Er zeigt mir vorwurfsvoll so ein Mäusekind. Das hat er im Garten einfach so aufheben können, weil es noch nicht wegrennt. Das Tier ist winzig, nicht größer als mein Daumen, und sitzt verwundert in einem Eimer voller Heu. Till meint, ich dürfe nur männliche Mäuse wegbringen. Ich erkläre ihm, dass sich die lieben Tierchen neun Mal im Jahr vermehren. Uns droht eine Mäuseplage!

Tills Eltern haben gerade entdeckt, dass sich jemand einen Zugang zu ihrem Haus gräbt. Auf der Terrasse ist ein kleiner Haufen Bauschutt, und dahinter liegt die Dämmung frei. Ihre Tierliebe ist gerade ein wenig ins Wanken geraten. Zumal im Frühjahr ein Specht drei große Löcher in die Hausfassade gehackt hat. Ihm gefiel das Dämmmaterial dahinter. Die drei Löcher sind zugespachtelt und überstrichen. Man sieht sie aber immer noch. Im Dachfenster der Nachbarn sitzt jetzt als Abschreckung eine große Krähe aus Hartplastik, wie sie neuerdings auch der Supermarkt verwendet, damit die Spatzen nicht ans Vogelfutter gehen, ohne vorher zu bezahlen. Die Position dieser Plastikkrähen muss man regelmäßig verändern, sonst merken die anderen Vögel schnell, dass ihr Artgenosse gar nicht lebt.

Tills Eltern befürworten energisch meine Pläne zur Mäuse-Umsiedlung. Ich verspreche Till, nur betagte Mäuseriche mit grauen Schnauzen wegzubringen. Ich bekomme die Falle geliehen. »Hier musst du Rosinen festklemmen.« Till zeigt auf einen kleinen Metallhaken. »Berliner Mäuse mögen viel lieber Rosinen als Käse. – Und du musst die Mäuse mindestens zwei Kilometer weit wegbringen, sonst finden sie den Weg zurück!« Ich bezweifle in diesem Fall die Wirksamkeit von Rosinen, aber kaum klemmt so eine getrocknete Weintraube am Haken, macht es »schnapp« und die erste Maus ist gefangen. Sie frisst erst mal die Rosinen am Köder, bevor sie wild im Käfig rumturnt und versucht, die Gitter zu zernagen. Ein junges Rotkehlchen sitzt mehrfach vor der Falle und sieht zu. Mein Mann unterstellt dem Vogel Schadenfreude. Gefühle bei Tieren werden ja seit Jahren genauer untersucht. Aber von Schadenfreude bei Vögeln habe ich noch nie gelesen. Ich lege den kleinen Käfig samt randalierender Maus in den Fahrradkorb und fahre vorsichtig den Bürgersteig entlang. Das darf man zwar nicht, aber das Kopfsteinpflaster auf der Straße will ich der armen Maus nicht zumuten. Auf einem unbebauten Gelände ein paar Straßen weiter, wo zweimal im Jahr ein Zirkus gastiert, findet die Maus ein neues Zuhause. Ich verschweige Till, dass ich Alter und Geschlechtszugehörigkeit der Maus vorher nicht überprüft habe. Ich habe auch keinen Schwangerschaftstest durchgeführt.

Die zweite Maus fällt wenig später auf ein Fitzelchen Schinken herein. Für sie fahre ich einen Kilometer weiter in einen Park. Sie will gar nicht weg von mir, sondern rennt lange auf der Bank hin und her, bevor ich ihr einen kleinen Schubs in Richtung Efeu gebe. Dort schnüffelt sie orientierungslos herum. Sie tut mir leid … Fast stelle ich ihr die Falle wieder hin, damit sie einsteigen und zurück in ihren Garten kann. Die dritte Brandmaus ist entweder einer der vielen Katzen zum Opfer gefallen oder befindet sich im Mutterschutz. Die Mausefalle geht gereinigt an die Nachbarn zurück.

»Alle Mäuse gefangen und umgesiedelt«, teile ich meinem Mann am Abend mit. Was die Brandmäuse betrifft, stimmt das ja auch. Den Neuzugang, eine winzige Waldmaus, hat mein Mann noch gar nicht entdeckt.

## SCIURUS VULGARIS

Bei uns um die Ecke residieren etliche Sportvereine: ein Hockey-Club, die Schützengilde »Sichere Hand«, zwei Tennis- und Fußballvereine mit einer großen Biertrinkerfraktion. Der »Altberliner Sportclub 1899 e.V.« unterhält eine Filiale direkt in unserem Garten: die Turnerriege »Munteres Eichhörnchen«. Beachtlich, was die kleinen Nager alles können: Felgaufschwung und Kopfstand am Futterhäuschen, Klimmzug am Meisenknödel, Flugrolle und Salto von einer Kiefer zur anderen, Hecht- und Strecksprung vom Boden, wenn die Katze aus dem Gebüsch auf sie losschießt.

Ich sehe dem flotten Treiben gern zu. Zwei Eichhörnchen jagen sich rund um die Baumstämme. Baum runter, Baum wieder hoch, Abflug zum nächsten Baum. Baum runter, Baum hoch, Sprung zur nächsten Kiefer. Im Nu sind sie zwei Gärten weiter. Oje, eins hat den Ast verfehlt. Dabei zusehen zu müssen, wie es aus fünf Metern Höhe zu Boden fällt, ist überhaupt nicht amüsant. Das Tier prallt auf, schüttelt sich nur kurz und rennt weg, als wäre nichts gewesen. So einen Absturz von hoch oben hat unsere Nachbarin auch schon beobachtet. Sie war froh, dass Till gerade in der Schule war, als sie das tote Eichhörnchen aufheben wollte. Aber auch dieses Tier kam wieder zu sich und rannte weg.

Im Straßenverkehr kommen diese quirligen Nager leider nicht so gut davon. Obwohl unsere Straße wegen der drei Schulen verkehrsberuhigt ist und Autofahrer durchaus die Chance hätten, rechtzeitig auf die Bremse zu treten, lese ich in einem einzigen Sommer drei tote Eichhörnchen vor unserem Haus auf. Viele Eltern bringen ihre Kinder in riesigen Autos zur Schule und brettern dann in einem Affenzahn los, egal, was außer ihnen noch unterwegs ist: Radfahrer, anderer Leute Kinder oder Getier aller Art. Unsere Nachbarn haben im Winter einen kleinen Igel aufgelesen und aufwendig mit Katzenfutter, gequirltem Ei, Rosinen und Quark aufgepäppelt. Gleich beim ersten Freigang wird »Carmen« jedoch angefahren und beendet ihr Leben in unserem Garten. Auch viele andere Igel unseres Viertels werden von Autos ins Jenseits befördert. Es ist eine große Ausnahme, nachts im Garten mal einen rascheln oder schmatzen zu hören.

Zwei Eichhörnchen haben allerdings den Autoverkehr überlebt und für Nachwuchs gesorgt. Als ich zur Mülltonne gehe, hängt ein Mini-Eichhörnchen kopfüber und bewegungslos an einem Baumstamm. Über ihm sitzt ein Star und verteidigt laut schimpfend seinen Nistkasten. Unten am Baum stehe ich mit dem Fotoapparat. Wo soll das arme Eichhörnchen hin? Springen kann es offensichtlich noch nicht. Ich mache ein Starfoto und ziehe mich dann vorsichtig zurück. In den nächsten Tagen stelle ich fest, dass es drei junge Eichhörnchen sind, die ihre ersten Kletterversuche wagen. Noch etwas zögerlich lassen sie sich die Bäume herab. Wenn ich mich nähere, bringen sie sich Tag für Tag schneller in Sicherheit.

Die Eichhörnchen entdecken schnell, wo die Vogeltränke ist und wo ich Vogelfutter auslege. Manchmal versuchen alle drei, gleichzeitig in das Vogelhäuschen zu steigen. Zwei passen gerade so rein. Das dritte sitzt oben auf dem Dach und wartet auf den Schichtwechsel. Sie gewöhnen sich daran, dass immer eine Kamera hinter ihnen her ist. Manchmal kann ich mich ganz nah ranschleichen und Großaufnahmen machen. Aber bevor ich sie mal kurz am buschigen Schwanz ziehen kann, jagen sie schimpfend den Baum hoch. Machen am nächsten Vorsprung halt und schauen auf mich herunter: »Na, Alte, was ist? Kannst wohl nicht klettern!?« Wenn ich still stehe, kommen sie langsam wieder runter zu den Erdnüssen. Hunger tut weh. Ein Eichhörnchen frisst am liebsten, wenn es kopfüber an der Kiefer hängt. Gut, dass ich nicht im »Schweinebaumel« Spaghetti essen muss.

Eins der Tiere könnte sich für *Germany's Next Topmodel* bewerben. Es posiert ganz allerliebst für mich und »spielt mit der Kamera«, »bietet« mir verschiedene Positionen und Gesichtsausdrücke »an«. Setzt sich zum Beispiel auf das Vogelhaus und knabbert zierlich an einer Nuss. Oder es stellt sich graziös auf die Hinterbeine und angelt nach einem Zweig. Beliebt ist auch das Starenkasten-Posing. Dabei sitzt das Eichhörnchen auf dem Nistkasten und beugt sich hinunter zum Eingang. Was da wohl Leckeres drin ist? Die wütenden Vogeleltern jagen das Eichhörnchen, bis es ein paar Bäume weiter ist.

Ungefähr zehn Minuten braucht ein durchschnittliches

Eichhörnchen, um eine Walnuss zu öffnen. Wenn ich im Garten deutliches Raspeln und Schaben höre, sitzt irgendwo so ein Nagetier, dreht und wendet eine Walnuss in den Pfoten und bearbeitet sie mit den Schneidezähnen. Mein Mann hat ja irrtümlich angenommen, die Tüte mit den Walnüssen sei für ihn. Seit dem Riesentheater, was darauf folgte, fragt er lieber, wenn er im Haushalt Nüsse und Rosinen findet: »Sind die für mich oder für die Eichhörnchen?«

»Dürfen die das?«, fragt mein Mann und zeigt auf die Terrasse. Dort steht auf einer Liege ein kleiner blauer Eimer mit Vogelfutter. In dem Eimer sitzen gerade zwei Eichhörnchen und fressen sich voll. Man sieht von ihnen nur die Schwänze, die aus dem Eimer raushängen.

Gewaltiger Protest tönt aus dem Efeulaub. Diesmal sind die Amseln ganz aufgebracht. Ich verlasse sofort den Schreibtisch und renne los, um Kampfkatze Kali zu verscheuchen. Die Katze döst aber nebenan ganz unschuldig in der Sonne. Ich suche den Baum, in dem so laut geschimpft wird. Dort sucht ein Eichhörnchen Ostereier. Amseln bauen ihre Nester leider oft so ungeschützt, dass Nesträuber sich bequem bedienen können. Das Eichhörnchen lutscht genüsslich ein Amselei aus und lässt mir die Schalen vor die Füße fallen. Obwohl die Amseleltern und ich laut protestieren, holt es sich auch noch das letzte Ei. Ich versuche, es daran zu hindern, indem ich ein paar Kienäppel hochwerfe. Aber wie schon erwähnt, kann ich nicht gut zielen. Der Amselvater hat aufgehört zu schimpfen. Er sieht dem Eichhörnchen nur noch resigniert zu. Wenn sich im Winter 14 Amseln vor meiner Tür ums Futter balgen, denke ich, es gibt eigentlich genug dieser Vögel. Trotzdem tun sie mir leid, wenn sie immer wieder beim Brüten gestört werden. Das Eichhörnchen macht im Baum Männchen und sieht ganz unschuldig aus.

# 13

## *Die Jagd nach dem perfekten Foto*

Mein Mann schenkt mir zum Geburtstag eine teure Kamera. Ich reagiere ein wenig verhalten. Teure Gegenstände und teure Autos flößen mir Respekt ein. Was ist, wenn sie mir runterfallen oder ich eine Schramme reinmache? Eigentlich habe ich auch schon genug Hobbys und viel zu wenig Zeit dafür. »Aber du bist doch ständig im Garten unterwegs und jagst mit deinem alten Fotoapparat Tiere. Jetzt kannst du endlich mal ordentliche Bilder machen!«, meint der Gatte. Bisher reichte mir eine schlichte Digitalkamera. Damit nahm ich Bilder für unsere Schulzeitung auf – und Bilder von jungen Rotkehlchen und Blaumeisen.

Meinem Mann gefällt sein Geschenk so gut, dass er gleich unser Auto und sein Motorrad aus allen möglichen Perspektiven aufnimmt. Besonders angetan hat es ihm der Sequenzschalter der Kamera, die dann in schneller Folge mehrere Fotos hintereinander macht. Auf der Speicherkarte finde ich später 55 BMW-Fotos. Das nächste Versuchsobjekt bin ich. Mürrisch schaue ich ins Objektiv, weil ich mich nicht gern fotografieren lasse. Mein Mann schaltet die Lächel-Erkennung ein. Sobald ich den Mund verziehe, löst die Kamera aus. Ob das auch bei Eichhörnchen funktioniert? Nach ersten eigenen Versuchen am Rotkehlchen Fritz merke ich, um wie viel besser diese Bilder werden. Scharf bis ins kleinste Detail, hell, klar und kontrastreich. Diese Kamera hat Suchtpotenzial! Ich fotografiere alles, was mir vor die Linse kommt: Hummeln, Schmetterlinge, Kienäppel, meinen Mann bei der Gartenarbeit, meinen Mann auf dem Motorrad, Wolken, Wassertropfen und Regenbogen, Nachbarskind Till mit seinen Kaulquappen, winzigen Fröschen und Nashornkäfern, meine Schüler, die sich mit wunderschönen Grimassen und seltsamen Gesten ablichten lassen. »Hast du etwa Satanisten oder Graue Wölfe in der Klasse?«, fragt meine Schwester. Nur weil Levent Zeige- und kleinen Finger so komisch abspreizt? Ich werde das Bild mal unserem Schulpsychologen zeigen …

Die neue Kamera spinnt aber: In sechs Monaten soll ich 8000 Fotos gemacht haben, behauptet das Zählwerk. Das kann gar nicht sein! Eigentlich möchte ich pro Tag nur ein Foto aufheben, jeweils das beste. Ich komme aber nicht jeden Abend dazu, die Fotos auszusortieren. Und 500 bis 1000 Bilder zu sichten, die in einer Woche angefallen sind, ist richtige Arbeit. Die Auswahl ist schwer. Welches Foto ist das beste? Meist hebe ich pro Tag dann doch 20 Bilder auf. Schwierig, ja fast aussichtslos wird es, wenn ich ein bestimmtes Foto suche. In welchem Ordner ist noch mal die Maus, die mit großen Augen unter dem Farn hervorschaut?

In welcher Datei sind die fünf Eichelhäher, die sich unter einem Baum versammelt haben?

Da war es vor der digitalen Zeitrechnung viel einfacher. In den Urlaub nahm man zwei, höchstens drei Farbfilme mit. Wenn die Filme das Röntgen am Flughafen überstanden hatten, kamen sie ins nächste Fotofachgeschäft (auf keinen Fall in einen Supermarkt!) zum Entwickeln. Mit Spannung öffnete man die fertige Foto-Tüte. In der Regel hatte man gar keine Ahnung mehr, was man im Urlaub alles fotografiert hatte. Und bei vielen Bildern war die Motivwahl hinterher völlig unklar: Warum habe ich dieses einzelne Männerbein am Felsen fotografiert?

Weil diese analoge Aufnahmetechnik teuer war, hatte ich nach jedem Urlaub höchstens 72 Bilder. Jetzt sind es Hunderte. Und alle verstopfen meine Festplatte und diverse externe Speichermedien und warten darauf, dass ich mal aufräume und lerne, exquisite Fotobücher herzustellen. Meinem Mann zuliebe fotografiere ich im Urlaub Kirchen, Marienbilder und Reiterdenkmäler, während mir die Fotos viel besser gefallen, auf denen masurische Fische an meinen Zehen knabbern oder vier Jungstörche auf mich hinunterschauen. Besonders schön finde ich die Fotos aus dem Wildpark, auf denen Berberaffen-Boss sich meinem Mann auf die Schulter setzt und ihn zärtlich laust.

Die Technik der neuen Kamera zu beherrschen ist das eine. Geeignete Motive einzufangen ist das zweite, denn die Tiere im Garten sitzen selten still. Nur das eine Rotkehlchen lässt sich geduldig ablichten. Dabei ist es allerdings so starr wie die Menschen auf den ersten Daguerrotypien. Der Vogel sieht auf allen Bildern genau gleich aus. Ebenso wie das dreiste Eichhörnchen. Ich habe an die 100 Fotos, die sich ähneln: Ein Eichhörnchen auf dem Vogelhaus knabbert Erdnüsse. Die Bilder unterscheiden sich nur in der Entfernung, aus der ich sie aufgenommen habe. Aber welches ist nun das beste? Ich kann mich nicht entscheiden und hebe alle auf. Mittlerweile habe ich auf dem Computer diverse Ordner, die nach Tierarten sortiert sind: Amseln, Eichelhäher, Blaumeisen, Kohlmeisen, Schwanzmeisen, Tannenmeisen. Mein Neffe installiert mir eine externe Festplatte mit noch größerer Speicherkapazität und sieht mich sorgenvoll an, als er die Unmengen von Tierfotos überspielt.

Wir fahren mit meiner betagten Mutter nach Dänemark ans Meer. Da war ich schon oft. Es ist im Sommer angenehm kühl, es geht immer ein Wind, es ist wohltuend langweilig und es gibt eigentlich nichts Besonderes zum Fotografieren. Dünen und Wellen, Heidekraut und Kiefern. Ich beim Frühstück, ich am Meer, ich am Fischstand. Immer mit verwehten Haaren und Sand im Mund. Davon habe ich schon drei Fotoalben voll. Da muss die neue Kamera wirklich nicht mit. Unterwegs machen wir Rast an einem holsteinischen See. Am Ufer ruhen Wildgänse mit ihren flauschigen Jungen. Ich packe meine alte Digitalkamera aus und schleiche mich an. Ein paar Fotos kann ich machen, dann erheben sich die Gänseeltern voller Misstrauen und scheuchen ihre Jungen ins Wasser. Als ich die Bilder im Display kontrolliere, sieht man viel Gras, viel Wasser und ein paar braune Punkte. Mit der neuen Kamera hätte ich viel bessere Fotos machen können. Zumal man in Berlin nach jungen Wildgänsen schon sehr suchen muss. Ich bedaure es, die neue Kamera nicht mitgenommen zu haben.

Wir beziehen unser Ferienhaus in Nordjütland. Was ist das für Dreck auf dem Fußabtreter? Hatten die Vormieter keinen stubenreinen Hund? Hätte der Putzdienst das nicht entfernen können? Ich hole ein Papiertuch und säubere die Fußmatte. Am nächsten Tag liegt wieder brauner Mist vorm Eingang. Und am Tag drauf auch. Seltsam. Als mir so eine Ladung davon fast auf den Kopf fällt, entdecke ich, dass genau über der Tür Rauchschwalben ein Nest bauen. Dazu holen sie Lehm und feuchten Mist. Und im Eifer des Gefechts fällt ihnen ein Teil davon runter. Putzwütige Leute würden solche Bauvorhaben sofort unterbinden, obwohl man Schwalbennester nicht zerstören darf. Nicht mal die alten verlassenen darf man entfernen. Die beiden Ferienhaus-Schwalben fliegen ständig mit neuem Baumaterial an. Manchmal sitzen sie dicht nebeneinander vor der Satellitenschüssel. Sie stören sich nicht daran, dass wir in ihrer Nähe sind. Was könnte ich jetzt für schöne Bilder machen! Die alte Kamera zeigt nur zwei schwarz-rote Punkte auf dem Hausdach.

Mein Neffe fällt mir ein. Er arbeitet bei einem Kurierdienst und organisiert Transporte in die ganze Welt: Lunge in Scheiben an ein medizinisches Institut, nachgebildete Moorleichen für einen Filmdreh im Spreewald, Wildschweinfelle zum Kürschner, Architektenentwürfe zum allerletzten Abgabetermin. Dosen, Kisten und Kästen mit Flaschen, Büchern und Hühnern. Nach Wladiwostok, Luxemburg, Albanien und Andorra. Oder nach Berlin-Steglitz. Diese Firma wird ja wohl auch einen Kameratransport bewältigen. Der kostet allerdings trotz Familienrabatt 80 Euro. Meine praktische Mutter findet das absurd: »Was für ein Unsinn! Wir bleiben doch nur eine Woche.«

Eine Nachbarin in Berlin ist so nett, die Kamera am selben Tag bruchsicher einzupacken und sie einem Kurier auszuhändigen. Über Nacht rollt meine Kamera mit verschiedenen Dienstleistern und Paketzustellern durch Norddeutschland und Dänemark und ist am nächsten Nachmittag bei mir. Sofort stelle ich mich auf eine kleine Leiter und halte den Fortschritt beim Nestbau fest. Die Schwalbenfrau ist etwas genervt, wenn ich sie beim Zupfen, Kleben und Richten beobachte. Aber ich ziehe mich zurück, wenn es ihr zu viel wird. »Du fällst da noch runter!« Meine Mutter hat Angst um mich, aber meine Fotos auf dem Display findet sie gut. Auf einem sitzt der Schwalbenmann mit ausgebreiteten Flügeln auf der Wäscheleine. Er sieht aus wie Ikarus. Ein richtig schönes Foto. Könnte ich glatt bei einem Wettbewerb einreichen. Mache ich auch. Aber es gewinnt ein Mann, der einen trägen Eisbären im Rostocker Zoo fotografiert hat. Das ist ungerecht. Jemanden im Knast abzulichten, der nicht wegrennen oder wegfliegen kann, ist ja nun kein Kunststück.

Im nächsten Sommer nehme ich die neue Kamera gleich mit. Auf Bornholm tobt das Leben. Ich meine jetzt nicht die vielen Touristenfamilien auf ihren Fahrrädern. Sondern die vielen Jungvögel am Ufer, im Gebüsch, im Wald und die zahlreichen Hasen auf den Feldern. Ja, es sind richtige Hasen, keine Kaninchen! An einem Campingplatz gibt es deutsche Zeitungen und junge Schwalben. Die Vögel sitzen in einer Reihe hintereinander auf dem Dach und sperren gleichzeitig den Schnabel auf, wenn Mama kommt. Und das vor strahlend blauem Himmel. Ein wunderbares Motiv. Ich schnell aufs Fahrrad, vier Kilometer zurück ins Ferienhaus, Kamera geholt und wieder vier Kilometer zum Campingplatz. Japsend komme ich an. Mein Mann sitzt noch vor seinem Espresso, aber die jungen Schwalben sitzen natürlich nicht mehr in einer Reihe auf dem Dach, sondern toben durch die Lüfte.

Jeden Vormittag stehe ich jetzt vorm Verwaltungsgebäude des Campingplatzes, halte die Kamera hoch und warte. Manche Camper schauen hoch und suchen, was ich da so lange fixiere. Einen Albatros? Einen Kondor? Einen Hubschrauber? Sie sehen aber nur ein paar junge Schwalben und zucken die Achseln. Mein Mann liest an einem Holztisch zwei Stunden lang die Zeitung und freut sich, dass er endlich mal seine Ruhe hat. Währenddessen lauere ich mit meiner Kamera. Irgendwann tun mir in dieser unnatürlichen Position Schultern und Arme weh, denn das Objektiv ist ziemlich schwer. Aber als Tierfotograf muss man Opfer bringen! Die Schwalbeneltern sind wahnsinnig schnell. So schnell stellt sich der Fokus gar nicht scharf. Meist erwische ich nur die Schwanzfedern. Aber ich lerne und warte schließlich, bis die Jungen anfangen zu betteln. Dann sind die Schwalbeneltern bereits im Anflug. Ich bin ganz stolz, als es mir gelingt, genau diesen Moment zu erwischen, als der Altvogel direkt über seinen Jungen in der Luft steht. Man kann jede einzelne Schwungfeder erkennen und sogar die Fliege im Schnabel. Für dieses Bild habe ich mich stundenlang auf die Lauer gelegt.

Im Strandrestaurant gibt es gleich drei Schwalbennester unterm Dach. Dort sind die jungen Schwalben noch nicht ausgeflogen, sondern warten auf die Fütterung mit Mücken und Fliegen. Unter den Nestern sitzen die Gäste bei Pizza,

Bier und Steak. Ich finde es erstaunlich, dass sie von dem regen Flugverkehr direkt über ihren Köpfen gar nichts mitbekommen. Dafür sind sie etwas irritiert, dass ich mit meinem Fotoapparat mitten im Biergarten stehe. »Keine Angst, Ihre Pizza interessiert mich nicht. Ich will nur die Schwalben beim Füttern fotografieren«, erkläre ich einem besorgten Gast. Der Restaurantchef kommt dazu. Er ist beruhigt, als ich ihm meinen Presseausweis zeige und mich als berühmte Naturfotografin vorstelle. Meinen Mann mache ich zum dazugehörigen Redakteur. Der sitzt in gebührender Entfernung an einem Bier und tut so, als ginge ihn das Ganze nichts an. Ich darf jetzt auch morgens, wenn noch alle Stühle hochgestellt und festgebunden sind, im Biergarten stehen und Schwalben fotografieren und komme mit 500 Ferienfotos zurück nach Berlin. Also 500 pro Tag …

Meine Kamera muss viel aushalten. Sie kommt gar nicht erst in die gepolsterte Umhängetasche. So ein Hirsch oder Habicht wartet nicht, bis ich alle Utensilien ausgepackt, das richtige Objektiv sorgfältig gereinigt und draufgesetzt habe. Der Hirsch schaut nur mal kurz hoch und ist weg, wenn ich nicht schnell genug bin. Also ist die Kamera immer im Stand-by-Modus. Ich habe drei Akkus, weil ich pro Tag mindestens einen verknipse. Nichts ist ärgerlicher als ein leerer Akku, wenn der Kranich gerade vor seiner Liebsten Ballett tanzt. Die Kamera hat innerhalb kürzester Zeit Kratzer und Fettfinger auf dem Display, Staub und Sand in allen Ritzen. Mein Mann schüttelt traurig den Kopf und zeigt mir den Fotoapparat, den er mal zur Kommunion bekommen hat. Stoßsicher in einer Art Lederkoffer verpackt, umhüllt von einem weichen Flanelltuch. »Wie neu!«, erklärt mein Mann und hält das vorsintflutliche Gerät triumphierend hoch. »Stimmt«, sage ich, »entweder tolle Fotos oder einen unbenutzten Fotoapparat. Ich habe lieber schöne Bilder.« Ich fächere meine exquisiten Fotos auf dem Tisch auf: Ein junger Fuchs, der entspannt auf einem Sitzkissen döst. Eine Kohlmeise, die auf meiner linken Faust sitzt und in meine Finger hackt, damit sie ans Futter kommt. Mit der rechten Hand habe ich das Foto gemacht! Fünf junge Blaumeisen, die gemeinsam in einer Pfütze baden. Ein Eichhörnchen, das in einen Eimer mit Nüssen gestiegen ist und nur noch seinen buschigen Schwanz heraushängen lässt. Zwei Mäuse, die in der Tüte mit Sonnenblumenkernen sitzen. Mein Mann, der mürrisch Laubsäcke mit Kiefernnadeln füllt …

Ich erinnere mich an frühere Zeiten: Dia-Vorträge, auf denen begeisterte Menschen ihre Reisefotos vorführten, gehörten zu den anerkannten Horrorszenarien. Trotzdem: Meine Freunde müssen bei jedem Treffen Tierfotos ansehen. Meine Mutter verschickt meine Bilder mit ihren Briefen an Verwandte und Bekannte. »Nee, nicht schon wieder Viecher!«, sagt eine Tante. Die wird ab sofort vom Versand ausgeschlossen. Ein alter Schulfreund bringt mir zum Ausgleich immer seine Fotos mit. Er fotografiert am liebsten alte Wassertürme und Treppengeländer und ist nur schwer zum Besichtigen meiner Schwalben und Füchse zu bewegen.

Ich entwickle auch ein Auge fürs Design. Blaumeisen erscheinen regelmäßig am Frühstückstisch und steigen in den blauen Napf mit den Nüssen. Da macht sich der alte Holztisch als Hintergrund schlecht. Ich lege ein blaues Satinbetttuch auf den Tisch und habe nun wunderbar blau getönte Fotos. Sehr geschmackvoll.

Die spannendste Zeit beginnt, wenn die jungen Vögel die Nistkästen verlassen. Ich erwische eine kleine Blaumeise, die im Eingangsloch steht und sich die Welt ansieht, bevor sie losfliegt. Ich folge ihr ganz leise ins Gebüsch, wo sie nach ihren Eltern ruft. Eine Stunde lang stehe ich äußerst unbequem zwischen stachligen Zweigen und traue mich nicht, mein Gewicht mal aufs andere Bein zu verlagern. Das würde knacken und rascheln, und die junge Meise wäre weg. Trotz Krampf im Bein halte ich tapfer aus und bekomme mein perfektes Foto: Die Meisenmutter füttert das Junge mit einer grünen Raupe.

Ein Jungvogel sitzt noch auf dem Boden. Man hört ihn laut zetern. Er ist winzig und sitzt gut getarnt zwischen Gräsern, Moos und Blättern. Er ist auch noch nicht so richtig niedlich, sondern sieht völlig zerrupft und verklebt aus. Ich hole eine alte Decke und lege mich auf den Bauch, damit ich eine gute Perspektive für das perfekte Foto habe. Das Junge hat noch gar keinen Fluchtreflex und sieht mich nur doof an. Ich bewache es, bis es endlich ein paar Äste höher fliegt und sicherer ist. Meine Mutter bekommt für ihre Postkarten 30 Fotos »Zerrupfte Blaumeise landet im Beet«.

Was wohl die Leute denken, wenn ich mit Fernglas und Fotoapparat durchs Viertel schleiche? Dass ich die Chefin einer Einbrecherbande bin, die nach lohnenden Objekten Ausschau hält? Dass ich sie beim Ankleiden belauere? Als neues Hobby Stalking betreibe? Aber die halbnackte Nachbarin am Fenster interessiert mich gar nicht. Direkt über ihr sitzt ein Gartenrotschwanz, dem gilt mein stundenlanges Starren. In der dänischen Ferienhaussiedlung sehen mich die Leute auch so komisch an, wenn ich die Häuser mit dem

Fernglas betrachte. Ich kann doch nichts dafür, dass sie alle kein Auge für die Natur haben. Auf den bemoosten und mit Gräsern bewachsenen Naturdächern sitzen morgens bunte Fasane und stoßen ihre Revierrufe aus. Ich sehe Hasen und Rehe, wo Jogger nur atemlos vorbeijapsen. Die rasanten Mountainbiker bekommen nicht mit, wo überall Dorngrasmücken nisten. Ich aber weiß es genau. Ich höre die leisen Bettellaute der Jungen und die Warnrufe der Eltern. Ich höre überall in den Heckenrosen die Knacklaute der Jungvögel. Und ich bin stets auf der Suche nach dem perfekten Foto. Ich kann stundenlang vor der Dornenhecke verharren, bis der Jungvogel mal ein paar Sekunden lang auf einem Ast hockt. Leider sind viele Vögel sehr zappelig und sitzen keine Sekunde still. Andere singen laut und provozierend direkt vor mir im Schilf oder im Gestrüpp: Teichrohrsänger und Gelbspötter. Keine Chance, sie zu sehen, geschweige denn zu fotografieren.

»Solange du es nicht schaffst, alle Vögel im Garten mal auf ein Gruppenfoto zu bekommen, ist das alles dilettantisch«, lästert mein Mann.

Manchmal renne ich morgens im Nachthemd los und werfe nur schnell eine Jacke über, weil vor dem Ferienhaus gerade ein Hase Männchen macht oder ein Jungfuchs unsere Straße in Berlin entlangrennt. Ich steige auf Leitern, krieche durch Dornen, lasse mich stechen und beißen – alles für das perfekte Foto. Und ich wundere mich, wenn ich mit eiskalten Händen und Füßen nach Hause komme. Ein seltenes Wintergoldhähnchen hüpft auf der Terrasse rum und ich sehe eine Stunde lang zu. Erst am Abend spüre ich, dass es nur noch eine kleine Bewegung braucht – und die Hexe schießt. Trotzdem bücke ich mich zum Gefrierschrank. Am nächsten Tag kann ich ohne Hilfe nicht aufstehen und mich anziehen und sitze leise weinend beim Orthopäden. »Haben Sie irgendetwas Ungewöhnliches gemacht?« Mein Arzt ist eine der wenigen Ausnahmen, die unbeirrt an den Zusammenhang zwischen Körper, Geist und Seele glauben. Ich druckse herum, weil ich mir selbst blöd vorkomme: »Ich habe auf den Steinstufen im Garten gesessen und Fotos von einem Wintergoldhähnchen gemacht.« Der Arzt sieht mich befremdet an: »Ein was? Wintergoldhähnchen? Was soll das denn sein?« Natürlich habe ich drei Fotos dabei und kann es ihm direkt vorführen. »Aha. Und dafür nehmen Sie eine Verkühlung in Kauf?« Der Arzt holt eine lange Spritze und eine Helferin, die mich festhalten soll. Drei Tage später kann ich mir die Schuhe wieder allein zubinden. Trotzdem muss ich noch Fangopackungen über mich ergehen lassen und eine junge Physiotherapeutin, die mich nicht etwa sanft massiert, sondern ihre Daumen genau in die Schmerzpunkte bohrt, bis ich mit den Füßen strample. Ich nehme jetzt immer ein Sitzkissen mit auf die Terrasse, damit ich nicht auf den nackten Steinstufen sitzen muss, wenn das Wintergoldhähnchen kommt.

Ich habe eine Schublade voller schöner Tierfotos, aber die Jagd nach dem perfekten Foto hört niemals auf. Ein Habicht im Anflug, jede Feder scharf gezeichnet. Fünf Blaumeisen auf einem Ast, eng aneinandergekuschelt. Solche Fotos gibt es. In Sammelbänden und Wettbewerben von Profis. Wie machen die das? Ich stelle fest, dass die gar nicht selbst fotografieren, sondern Geräte mit Lichtschranken aufstellen und in der Zwischenzeit ein Bier trinken gehen. Sobald die Meise durch den Lichttunnel fliegt, schaltet sich der Apparat für diese Tausendstelsekunde ein, in der alle Flugfedern einzeln zu erkennen sind. Wenn ich im Umland in alten Teichlandschaften spazieren gehe, schleppen die Profis riesige Objektive und Stative mit sich herum. Ich wundere mich, dass sie ohne Gabelstapler auskommen. Anscheinend wartet der Fischadler, bis sie alles schön aufgebaut haben. Und dann stehen sie oben auf dem Beobachtungsturm und fotografieren den Fischadler-Horst, der drei Kilometer entfernt und mit bloßem Auge gar nicht zu erkennen ist.

Mein Mann kauft mir zu Weihnachten ein Tarnzelt für den Garten und einen schönen Trainingsanzug, in dem ich nicht mehr vom Waldboden zu unterscheiden bin. Im Zelt stundenlang zu warten ist fair und sportlich – im Gegensatz zu Lichtschranken. Wenn es gar zu kalt ist, bringt mein Mann mir einen Grog ins Tarnzelt, natürlich gerade dann, wenn direkt vor dem Zelt ein Waschbär Kopfstand macht oder ein Fuchs zum eleganten Mäusesprung ansetzt.

# 14

## *Achtung, Halbstarke unterwegs!*

Eigentlich hat es wenig Sinn, auf der Terrasse Unterricht vorzubereiten. Ich kann mich gar nicht konzentrieren, weil ich alle zwei Minuten hochsehen muss, wer gerade vorbeifliegt oder im Gebüsch raschelt. Ein Rotkehlchen und eine Tannenmeise »belästigen« mich. Sie suchen sich den höchsten Punkt auf dem Tisch aus und setzen sich drauf, egal, ob es eine Kaffeetasse, eine Seltersflasche oder mein Laptop ist. »Na, hat es dir auf die Tastatur gekackt?«, fragt mein Mann interessiert. Aber das Rotkehlchen ist so nett und dreht sein Hinterteil zur anderen Seite. Wenn ich gar nicht reagiere und kein Futter spende, setzt es sich kurz auf meine Schulter oder auf mein Bein, bis ich losgehe und etwas hole.

Trotz all dieser »Störungen« habe ich mich mit drei Jugendbüchern in die Sonne gesetzt. Welches davon werden meine Schüler mit dem geringsten Widerwillen lesen? »Iiih, schon wieder ein Buch!« ist ihre einzige Reaktion, als ich mit einem Stapel in den Klassenraum komme – druckfrische Bücher, in die noch niemand gekrakelt oder seine Fettfinger geschmiert hat. Das Schöne an den Pflanzen im Garten ist, dass sie weder widersprechen noch meckern: »Igitt, schon wieder Hufnägel als Dünger!« Oder: »Pack ja die Heckenschere weg!« Aber vielleicht verstehe ich die Sprache der Bäume und Blumen auch noch nicht. Wer weiß, was sie alles von sich geben. Angeblich hört man das ja, wenn man sein Ohr beispielsweise an eine Birke legt. Ich habe es aber noch nicht ausprobiert.

Irgendetwas beobachtet mich. Die neugierige Nachbarin kann es nicht sein. Sie hat sich gerade drei Gärten weiter von ihrem Mann verabschiedet, so laut und weit hallend, dass alle anderen im Viertel jetzt auch wissen, dass sie zur Fußpflege geht und anschließend zum Änderungsschneider.

Ein kleiner rötlicher Kopf zeigt sich im Gebüsch zur Rechten. Das Tier schaut eindeutig in meine Richtung. Ein Eichhörnchen? Aber Eichhörnchen sind frech und quirlig. Die sitzen keine Sekunde still. Ich stehe auf und gehe näher. Etwas raschelt und trippelt weg, aber es ist nichts zu erkennen.

Kaum sitze ich wieder an meinen Jugendbüchern, quiekt und jault es nebenan. Ich schleiche am Zaun des Ästheten entlang. Und bin entzückt: Vor seinem Schuppen spielen zwei kleine Füchse miteinander. Sie balgen sich wie junge Hunde. Ich habe noch nie junge Füchse gesehen. Sie haben noch nicht so spitze Schnauzen und noch keinen buschigen Fuchsschwanz, sondern nur einen kleinen Stummel. Ich stehe bewegungslos im Efeu und hoffe, dass sie mich nicht entdecken. Die Mücken im Gebüsch freuen sich riesig über meine Anwesenheit. Ich ertrage heldenhaft ihre Attacken, ohne mich ein einziges Mal zu kratzen. Trotzdem bemerkt mich einer der Füchse. Im Nu verschwinden beide auf dem übernächsten Grundstück. Sie rumpeln und poltern dort im Schuppen, als würden sie Bowling spielen.

Einige Gärten im Viertel haben keine durchgehenden Zäune. Dabei weisen etliche Aphorismen im Internet auf die Wichtigkeit von Zäunen hin: »Liebe deinen Nachbarn, aber reiß den Zaun nicht ein!« Oder: »Gute Zäune machen gute Nachbarn.« Wo kein Zaun steht, kann man einfach durchs Gestrüpp zum nächsten Grundstück gehen. Das kann die Kommunikation ungemein fördern. Auch die Katzen müssen nicht erst umständlich über Zäune klettern, wenn sie nebenan eine naive Amsel entdecken.

Die freien Durchgänge benutzen nun auch die Füchse. Als ich mich am nächsten Abend auf meinen Posten begebe, sehe ich die Fuchsmutter mit zwei Jungen an unserem Schuppen. Sie sieht misstrauisch zu mir herüber. Ich stelle mich tot und zucke mit keiner Wimper. Die Fähe verschwindet und lässt mir ihre zwei Jungen da. Sie hat bestimmt erkannt, dass ich harmlos bin und mich gut als Babysitterin eigne. Die kleinen Füchse rennen auf dem Komposthaufen herum, scharren und graben und springen immer wieder mit allen vieren in die Luft. Mein großer Lehrmeister, das Internet, klärt mich auf: Die Füchse üben den Mäusesprung. Sie hüpfen hoch in die Luft und stürzen sich in einer Art Kopfsprung von oben auf die Beute. Meine jungen Füchse üben mit einem alten Badelatschen. Wo sie den wohl »gefunden« haben?

Nachbarsjunge Till weiß, wo die Füchse wohnen. Angeblich gab es da schon im Vorjahr einen Fuchsbau. Hinter dem Gelände seiner Grundschule befinden sich etliche Tennisplätze, Fußballfelder, Anbauflächen für das Gärtner-Oberstufenzentrum, leere Parkplätze und jede Menge Brachen. Unter dem Schuppen im Schulgarten wohnt die Fuchsfamilie. Die Schulleiterin hat eine Videokamera installieren lassen und überträgt das Leben der kleinen Füchse in den Pausenraum. Jetzt muss ich nicht nur im Garten Wache halten, sondern mindestens einmal am Tag im Wohnbereich der Füchse patrouillieren. Spät am Nachmittag, wenn kein Schulbetrieb mehr ist, gehen sie auf der Wiese spazieren oder legen sich in die Sonne. Es stört sie nicht, dass hinter ihnen auf dem Tennisplatz noch lautstarker Betrieb ist. Fast täglich sehe ich einen Fuchs dort durchs Gelände rennen.

Meine Schüler beginnen zu quengeln, weil sie schon seit zwei Wochen auf ihre Aufsätze warten. Sie sollten eine Fuchsfabel interpretieren und eine andere Fuchsfabel logisch zu Ende führen. Wenn man sich die Merkmale einer Fabel gemerkt hat und die Tatsache, dass in Fabeln der Fuchs meist schlau und der Wolf eher doof ist, müsste man wissen, dass der Fuchs zum Schluss entkommt, der Wolf hingegen nicht.

Aber ich komme einfach nicht zum Korrigieren, weil ich Abend für Abend auf die jungen Füchse warten muss. Als Trost erzähle ich meiner Klasse die neuesten Geschichten aus dem Garten und zeige ihnen Fotos von den Füchsen, aber auf Dauer werde ich damit wohl nicht durchkommen. Eine widerspenstige Mutter hat sich schon beim Schulleiter beschwert, und der hat mich ins Verhör genommen: »Was ist denn los? Das kenne ich gar nicht von dir, dass du drei

Wochen für einen Aufsatz brauchst. Hast du Probleme?« – »Nein, es ist alles in Ordnung. Ich habe nur einfach viel zu viel um die Ohren. Klassenfahrt, Lesewettbewerb, Tanzauftritt, Jahrgangsfest, Wohltätigkeitsbasar.« Der Schulleiter freut sich über mein Engagement. Die »Außenwirkung« der Schule ist ihm heilig. Ich sichere ihm zu, dass ich die Aufsätze dieses Wochenende ganz bestimmt korrigiere.

Hätte ich doch nichts versprochen. Am Freitagabend stelle ich fest, dass es insgesamt fünf junge Füchse sind, die im Viertel Unsinn treiben. Manchmal dauert es ganz schön lange, ehe sie in Erscheinung treten. Nur selten ist ihre scheue Mutter dabei. Sie sieht abgemagert aus, das Fell ist struppig und scheckig. Kein Wunder, beim Stillen und bei der Erziehungsarbeit mit so vielen Blagen! Ich habe Glück: Der Ästhet von nebenan ist gerade verreist, und ich soll mich um seinen Briefkasten und um den Garten kümmern. Dabei kann ich ganz wunderbar die Füchse beobachten und fotografieren. Das Grundstück dahinter ist zurzeit auch unbewohnt. Die Füchse toben also ganz ungestört durch zwei Gärten und lassen – typisch Kinder – überall ihr Spielzeug rumliegen: alte Alu-Schalen und Plastikfolie, einen Tennisball, drei blaue Putzlappen, einen Gartenhandschuh und ein paar Knochen. Ein junger Fuchs kämpft mit etwas Schwarzem, das größer als er ist. Ich wappne mich für den nächsten Rettungseinsatz. Aber es ist keine schwarze Katze, sondern ein großer Herrenschuh, den der Besitzer sicher vermisst.

Man weiß nie genau, wann die Fuchsfamilie aufkreuzt. Manchmal stehe ich schon um fünf Uhr morgens auf, um sie vor die Linse zu bekommen. In einer Gartenecke schneide ich alle Brombeerranken ab, die störend ins Bild ragen, wenn die Bande nebenan spielt und kämpft. Die jungen Füchse können ein ganz schönes Theater veranstalten. Ihre Laute sind schwer zu beschreiben. Eine Art heiseres Bellen, Quieken, Winseln, Kreischen und Fauchen. Das Bellen ist nicht verwunderlich, da Füchse mit Hunden verwandt sind. Die Jungen rennen auch gern im Garten der Kampfkatze auf und ab. Ich habe keine Ahnung, was Füchse und Katzen miteinander anstellen, wenn sie sich treffen. Angeblich lassen sie sich in Ruhe, weil bei einem Kampf keiner von beiden gewinnen würde. Nur an die Jungen der Gegenpartei trauen sie sich heran. Kali, die Kampfkatze, ist aber nicht zu sehen. Anscheinend hat sie Respekt vor der Fuchsmutter.

Derzeit erzähle ich jedem verzückt von meinen Füchsen. Dabei stellt sich heraus, dass alle Berliner einen Stadtfuchs kennen. Ein Uni-Dozent trifft sich jeden Abend mit seinem Fuchs im Garten und unterhält sich mit ihm. Das Tier hat philosophische Neigungen. Es hält den Kopf schief und hört konzentriert zu. Eine Frau im Supermarkt verlangt nach Knochen für »ihren« Fuchs, eine andere in der Warteschlange erzählt etwas waidwund, dass sie leider bei Regen ihre teuren Tanzschuhe vor der Haustür gelassen hat. Junge Füchse kauen mit Hingabe alles, was aus Leder ist oder interessant riecht. Manche setzen auch einen Markierungsgruß in den Schuh. Den kann man beim besten Willen nicht mehr anziehen … Beim Italiener um die Ecke passiert Abend für Abend ein kleiner Fuchs den Biergarten. Bei einer Kollegin sitzt der Fuchs auf dem Betonpfosten neben dem Briefkasten und besieht sich zufrieden sein Herrschaftsgebiet. Mein Neffe kennt einen Kreuzberger Fuchs, der vor der Dönerbude wartet und die Gäste verfolgt. Offensichtlich kennt er

Schleichwege. Wenn man ihn verscheucht, schlägt er einen Bogen durchs Gebüsch und kommt einem dann von vorn entgegen. Ein sehr gut genährter Fuchs sitzt regelmäßig vor einem Delikatessengeschäft in Wilmersdorf.

In Spandau gibt es einen Bauernhof mit Gemüse- und Fleischverkauf. Dort wartet mein Mann im Auto auf mich. Ein Fuchs mit einem Perlhuhn im Maul blickt ihn triumphierend an und beschleunigt seinen Schritt in keiner Weise. Der Ästhet von nebenan will gesehen haben, wie Katze und Fuchs nachts auf dem Bürgersteig sitzen und sich mustern. Nach einer Weile verschwindet der Fuchs im Gebüsch – und die Katze folgt ihm. Erst glaube ich, dass der Ästhet zu tief ins Whiskyglas geschaut hat. Aber die seltsamen Fuchsgeschichten häufen sich. Einige Taxifahrer behaupten, dass Füchse nur bei Grün über die Ampel gehen. Gibt es keine Ampel, schauen sie erst nach links und dann rechts, bevor sie die Straße überqueren. Anscheinend gibt es auch im Fuchs-Kindergarten Verkehrserziehung. In Laubenkolonien durchqueren Füchse angeblich offen stehende Lauben und interessieren sich besonders für die Küchenzeile und den Mülleimer. Ein Rundfunksender in Berlin sammelt die Fuchserlebnisse und lädt die Hörer ein, Stadtforscher zu werden. Auf der Website des Senders werden täglich neue Fotos von Füchsen hochgeladen. Es heißt, dass Stadtfüchse weitaus besser als Landfüchse leben. Niemand jagt sie, überall gibt es was zu fressen. Sie müssen sich nicht mühsam Gänge graben, sondern können in Schuppen und Lauben ziehen.

Aber bestimmt hat kein anderer in Berlin einen jungen Fuchs, der sich auf der Gartenliege sonnt. Als ich aus dem Haus komme, liegt einer der kleinen Halbstarken auf meinem Kissen. Er rennt erst mal weg und beobachtet mich aus der Ferne. Er ist besonders neugierig. Gehe ich nachts auf die Terrasse, krabbelt er manchmal unter den Stühlen rum. Er scheint überhaupt keine Angst zu haben. Ich taufe ihn auf den Namen »Felix« und übe mit ihm Kommandos: »Platz« und »Fass« und »Bei Fuß«. Er will aber nicht mitspielen. Er liegt lieber in der Sonne und dehnt sich dabei vor Wonne so, dass er doppelte Fuchslänge erreicht. Oft sitzt er im Garten und kratzt sich ausgiebig. Vermutlich quälen ihn Zecken. Fast täglich finde ich seine Fußabdrücke auf den Gartensitzkissen. Mein Mann plädiert dafür, die Kissen nachts reinzuholen. Aber worauf soll der Fuchs dann schlafen? »Die Kissen kann man doch problemlos waschen«, beruhige ich den Gatten.

Meine Mutter zeigt sich besorgt, als ich ihr Porträtfotos von Felix zeige: »Du fasst den Fuchs doch hoffentlich nicht an! Der kann Tollwut haben oder Bandwürmer!« Ich suche im Internet die Krankheitssymptome und beschließe, dass ich noch keine Tollwut habe. Es ist überhaupt Jahre, wenn nicht Jahrzehnte her, dass diese Krankheit bei Berliner Füchsen festgestellt worden ist. Und Felix lässt sich sowieso nicht anfassen. Sonst hätte ich ihm schon ein Zeckenhalsband umgebunden.

Offensichtlich mag er Blumen. Er steht unter dem Rosenbusch oder schnuppert an den Blüten. Leider ist er so unruhig, dass das Foto »Dialog mit einer Rose« nicht gelingt. Felix gräbt gern in meinen Blumenkästen. Keine Ahnung, was er da sucht. Käfer? Regenwürmer? Wenn wir im Wohnzimmer sitzen, stellt er sich hin und wieder auf die Hinterbeine und schaut durchs Fenster, was wir machen. Wenn es warm ist, steht die Tür offen, und nicht selten erscheint Felix dann im Eingang und will reinkommen. Ich muss nur kurz die Hand heben, dann dreht er sofort ab und geht wieder. Als mein Mann für ein paar Tage verreist ist, hebe ich nicht sofort die Hand. Das versteht Felix als freundliche Einladung und dreht sofort eine Runde durchs Wohnzimmer. Er beschnuppert die große Yucca-Palme, macht Männchen vor einer halboffenen Schublade und verschwindet wieder. Mein Mann findet die Fotos »Fuchs an Schublade« und »Fuchs am Schuhschrank« sehr niedlich, aber er verbittet sich weitere Besuche. Dann muss er besser aufpassen. Sein Buch ist so spannend, dass er nicht gleich merkt, dass Felix ins Haus marschiert. Mein Mann springt wütend auf und rennt hinterher. »Mach den Fuchs nicht panisch!«, schimpfe ich. Im ganzen Haus ist kein Fuchs zu sehen. Mein Mann sucht im Keller und auf dem Dachboden. Ich entdecke Felix unter dem Couchtisch. Er hält ganz still, inspiziert noch ein paar Bücher, Zeitschriften und Vasen, bevor er rausrennt. »Felix hat nur was zum Lesen gesucht«, sage ich bierernst. Mein Mann zeigt mir einen Vogel.

Felix klaut das Vogelfutter, wenn ich es nachts nicht wegräume. Er nagt alle Plastiktüten auf, die er im Garten findet, egal, ob es Blumenerde, Rasensamen oder Hufspäne sind. Bei den Nachbarn ramponiert er einen kleinen Pfirsichbaum, weil darin ein Meisenknödel hängt, den er unbedingt haben will. Angeblich gräbt er auch die Blumenzwiebeln wieder aus. Till, der Nachbarsjunge, berichtet, dass der Fuchs ihm die Schuhe stibitzen wollte. Ich trage mein Essen auf die Terrasse und kontrolliere, ob sich ein Mundräuber in der Nähe befindet. Nichts zu sehen. Ich hole schnell noch Besteck und

Senf – und in den wenigen Sekunden meiner Abwesenheit ist das Würstchen vom Teller verschwunden. Felix hat ganz in der Nähe gelauert. Ich muss lachen, während mein Mann völlig humorlos ist, was den Diebstahl von Wiener Würstchen betrifft. Auf der Suche nach Leckereien rennt Felix überall rum. Er mag vor allem die Nüsse im Vogelfutter. Ein paar zernagt er, ein paar vergräbt er. Manchmal steht er direkt vor meinen Füßen und überlegt, ob das was zum Fressen sein könnte. Er berührt meinen Fuß mit einer Pfote und beißt ganz leicht in meinen großen Zeh. Er schnappt auch gern nach den Ärmeln meiner alten Lederjacke, die auf einem Gartenstuhl hängt. Er würde sie zu gern wegschleppen, aber das Ding ist zu groß für ihn. Solange Felix nur wild mit dem Handfeger und der Schaufel kämpft, habe ich keine Einwände. Aber wenn er sich aufrecht an den Tisch stellt und am Trageriemen meiner teuren Kamera zerrt, muss ich doch einschreiten. Felix flüchtet den Weg rechts am Haus entlang. Wenig später taucht er an der linken Hausseite wieder auf und tut so, als sei nichts gewesen. Diese halbe Runde ums Haus macht er oft. Angeblich meiden Tiere den menschlichen Blick. Felix nicht. Er sitzt direkt vor mir und fixiert mich. Ich esse gerade Kirschen. Eine fällt runter, und der Fuchs rollt sie begeistert durch den Garten. Übt daran den Mäusesprung und frisst sie schließlich.

Ich habe zwei Paar formschöne Gesundheitssandalen. Das alte Paar benutze ich nur im Garten. Felix nähert sich langsam seinem Zielobjekt, sieht mich prüfend an und schnappt sich eine der Sandalen. Damit rennt er ein paar Meter weiter und benagt sie voller Inbrunst. Zottelt mit dem Schuh herum und bekaut ihn intensiv. Ich stehe in der Nähe und mache

Fotos. Irgendwann lässt Felix von meinem Schuh ab, und ich entdecke zu meiner großen Freude, dass ich gerade die alten Schuhe anhabe und Felix einen nagelneuen bearbeitet hat. »Die Tiere dürfen bei dir ja alles«, behauptet mein Mann. »Schade, dass ich kein Eichhörnchen und kein Fuchs bin. Dann wärst du viel netter zu mir!« – »Dann wärst du aber auch viel niedlicher«, entgegne ich.

Felix beobachtet meine Aktivitäten im Garten. Wenn ich Werkzeug liegen lasse, untersucht er es genau. Er sieht beim Harken zu und beim Rasensprengen. Er beschnuppert den Gartenschlauch und die vollen Laubsäcke. Wenn ich ins Haus gehe, kann ich sehen, wie Felix draußen auf einen Stuhl springt, in der Zeitung liest und vom Kaffee kostet. Man kann nichts stehen und liegen lassen. Nachts, wenn wir schlafen, räumt Felix auf. Er schleppt Tischdecken und Geschirrhandtücher weg, knabbert an den Kerzen und an leeren Streichholzschachteln. Till von nebenan bringt mir all das zurück, was morgens bei ihnen im Garten liegt: Blumentopfuntersetzer, einen Küchenschwamm oder die Gießkannentülle, die ich schon lange suche. Eines Morgens finde ich eine tote Maus im Beet. Da ich das Geschenk nicht sofort würdige, ist es wenig später wieder verschwunden. Dafür liegt eine beinamputierte Barbie an der Stelle. Für unsere zukünftige Zirkusnummer kaufe ich im Spielwarenladen kleine Bälle. Felix nimmt sie mal kurz ins Maul, trägt sie ins Gebüsch und lässt sie gleich wieder fallen. So wird das keine Zirkusnummer. Vielleicht sollte ich ihm beibringen, mit alten Schuhen zu jonglieren.

Manchmal rollt sich Felix neben mir auf dem Fußabtreter zusammen und döst. Ich darf mich dabei aber keinen

Millimeter bewegen. Oder er sitzt vorn auf der Terrasse und bewacht das Grundstück. Dabei dreht er mir den Rücken zu. Er weiß, dass ich ihm nichts tue. Die Ohren kann er unabhängig voneinander bewegen. Sie sind ständig in Habachtstellung. Das ist auch gut so. Nicht alle Leute mögen Füchse. »Du hast einen Fuchs im Garten?«, fragt ein Kollege. »Das muss ja stinken!« – »Unsinn, Felix stinkt nicht«, widerspreche ich. Ein anderer Kollege hätte gern einen Fuchsschwanz für sein Motorrad. Und eine Kollegin bringt mir den Fuchskragen ihrer Großmutter mit und wundert sich, dass ich nicht begeistert bin, als ich in die toten Glasaugen sehe.

Freunde mit zwei Kindern sind zu einem Spieleabend gekommen. Prompt erscheint auch Felix und hält die Nase in die Wolken, die vom Grill aufsteigen. Die geplanten Ratespiele kann ich vergessen, die Kinder sind so fasziniert von dem jungen Fuchs, dass sie kaum ansprechbar sind. Felix legt sich in gebührender Entfernung auf die Wiese und sieht uns zu.

Anfangs beachtet Felix die Vögel, die um meine Futterstelle fliegen, überhaupt nicht. Das beruht auf Gegenseitigkeit. Die Vögel merken irgendwie, dass von einem kleinen Fuchs noch keine Gefahr ausgeht. Sie hängen weiter am Meisenknödel, ein Rotkehlchen rennt dem Fuchs sogar dicht vor der Nase herum. Das ändert sich mit der Zeit. Felix wird größer, sein »Gesicht« wird fuchsiger und die Schnauze spitzer. Sein kurzer Stummelschwanz ist ein richtig schöner Fuchsschwanz geworden. Felix bekommt jetzt einen starren Blick, wenn ein Star durch den Garten wandert. Er beobachtet die Vögel an der Futterstelle nun sehr aufmerksam, und die Amseleltern im Garten beginnen Warnrufe auszustoßen: »Achtung, Gefahr im Verzug!« Felix prescht aus dem Stand mit 50 Stundenkilometern los, aber das Eichhörnchen ist schneller und rennt schimpfend den Baum hoch.

Eines Abends erscheinen die Füchse zu zweit und schnüffeln auf der Terrasse herum. Man kann sie schwer voneinander unterscheiden. Der frechere Fuchs ist eindeutig Felix. Der bulgarische Gärtner des Ästheten ärgert sich darüber, dass er im Schuppen Häufchen gefunden hat. Und so was wie eine Katze sei vor ihm weggerannt. Ob man da Gift auslegen müsse? Ich glaube, ich weiß, wer in seinem Schuppen wohnt, aber ich sage lieber nichts. Als der Gärtner fertig mit seinem Tagwerk ist, schleiche ich mich aufs Nachbargrundstück zu dem Schuppen, der von vorn aussieht wie ein niedliches Badehäuschen. Ich öffne leise die Tür. Drinnen ist alles vollgestopft mit Gerümpel. Und wirklich, oben auf einem Regal liegen zwei Füchse auf alten Teppichen und schauen mich völlig verpennt an. Einer sucht polternd das Weite. Anscheinend hat der Schuppen auf der Rückseite einen Notausgang. Der andere Fuchs gähnt mich gelangweilt an und schläft weiter. Als ich nicht aufhöre, ihn mit meinem Fotoapparat zu belästigen, verschwindet auch er mit Getöse hinter den Regalen. Bei meinen Forschungsarbeiten finde ich heraus, dass sich die beiden Geschwister tagsüber gern in diesem Schuppen aufhalten. Viel Dreck machen sie nicht. Und wenn ich Spuren finde, entferne ich sie diskret, damit der Ästhet keine Rachegelüste entwickelt, wenn er aus seiner Stadtwohnung zurückkommt. Aber noch ist in der Grundschule gegenüber lautstarker Betrieb. Der Ästhet kehrt erst heim, wenn die Sommerferien beginnen. In einem seiner Regale steht ein großer Behälter mit Rattengift. Den verstecke ich, damit die Füchse nicht davon naschen und der Gärtner des Ästheten nicht auf dumme Gedanken kommt. Ich drucke ihm außerdem einen Artikel des Naturschutzbunds aus, dem zufolge man jungen Füchsen auf gar keinen Fall etwas tun darf. Man könnte sie allenfalls mit lauter Musik vertreiben, wenn sie groß genug sind.

Die beiden Geschwister bleiben vor Ort, der Rest der Fuchsfamilie verschwindet. Leute im Viertel berichten gerührt von einem kleinen Fuchs, der sich bei ihnen auf der Terrasse sonnt. Er würde ein wenig hinken. Das muss Felix sein, das untreue Vieh. Seit ein paar Tagen kann er mit einem Hinterbein nicht mehr richtig auftreten. Irgendetwas hat ihn erwischt. Nachts gibt es hier manchmal lautstarke Tumulte, von denen alle Nachbarn wach werden. Es klingt gruselig. Dann renne ich im Nachthemd raus, um Felix zu retten. Aber auf der Straße ist kein Fuchs zu sehen. Nur eine Hundebesitzerin, die fassungslos sagt: »Der Fuchs muss verrückt sein. Der verfolgt uns die ganze Zeit!« Sie hat einen riesigen Hund dabei, der auch ein wenig irritiert wirkt. Angeblich gibt es in Berlin Füchse, die Hund und Halter beim Spazierengehen begleiten.

Felix streitet sich draußen lautstark mit seinem Bruder. Die Dschungelpatrouille muss einschreiten. Die beiden Füchse tun sich eigentlich nichts Schlimmes, sie stehen nur Hintern an Hintern und versuchen sich wegzudrücken. Dabei kreischen sie, als würden sie gebissen. Ich schimpfe, und sie entfliehen in verschiedene Richtungen. Wenig später hebe ich noch mal die Gardine und schaue auf die Terrasse. Die

Geschwister liegen friedlich ineinander verkuschelt auf meinem Sitzkissen. Mittlerweile steigen sie elegant über alle Zäune, während sie als Kleinkinder noch versucht haben, sich unten durchzugraben. Felix sitzt gern auf dem Schuppendach des Ästheten und schaut huldvoll auf mich herunter. Irgendwann wird mir beim genauen Betrachten meiner tausend Fotos klar, dass Felix ein Mädchen ist. Und der Geschwisterfuchs ist eindeutig ein Männchen.

Seit die beiden hier im Viertel residieren, habe ich leider so gut wie keinen Frosch mehr unter der Vogeltränke gefunden. Felix inspiziert diese Stelle regelmäßig und stochert mit einer Pfote zwischen Wasserbecken und Schilf herum. Auch die Mäuse sind ins Exil gegangen. Mir widerstrebt der naheliegende Gedanke, dass sie alle gefressen wurden. Finde ich einen Frosch unter der Vogeltränke, siedle ich ihn um. Ein paar Häuser weiter ist er beim Ornithologen hoffentlich sicherer. Felix vergräbt seine Beute. Da wir keinen gepflegten Rasen haben, sondern eher eine Art Tundra-Landschaft, sind die paar Löcher nicht so schlimm. Füchse verteilen ihre Beute an mehreren Stellen, um zu verhindern, dass alles auf einmal geklaut wird. Früh am Morgen spazieren hier Krähen und Elstern herum, die sich auf vergrabenes Fuchsfutter spezialisiert haben. Zumindest sind die Löcher immer leer, wenn ich durch den Garten gehe.

Manchmal sehe ich die beiden halbstarken Füchse tagelang nicht. Dann hoffe ich, dass keiner der flotten Autofahrer sie erwischt hat. Tills Mutter macht einen scheußlichen Fund in einem Blumenkübel: Darin ist ein Hinterbein vergraben. Ganz eindeutig das eines kleinen Fuchses. Sind Füchse Kannibalen? Das Bein wird entsorgt, ohne dass Till es merkt. In der nächsten Nacht wühlt jemand in dem Blumenkasten und sucht ganz offensichtlich seine Vorräte.

Nach einer langen Pause erscheint Felix im strömenden Regen, klatschnass und zerzaust. Er lebt also noch. Ja, ich gestehe: Ich gebe ihm ein Stück von meinem Würstchen, weil er so kläglich aussieht. »Reich ihm doch noch ein Handtuch raus!« Mein Mann hat immer so gute Ideen.

Mir ist klar, dass die Füchse nicht mehr lange bleiben werden. Ich habe sämtliche Fuchsbücher studiert, die es im Handel gibt – einschließlich aller Kinderbücher. Demnach vertreibt die Mutter ihre Jungen, wenn sie groß genug sind. Auf den Webseiten der Jäger heißt das: »Die Fähe beißt die Jungen ab.« Die halbstarken Füchse laufen dann Hunderte von Kilometern und suchen sich ein eigenes Revier, eine sinnvolle Maßnahme gegen Inzucht. Die Websites der Jägerschaft sind für Außenstehende bizarr. Füchse auszurotten scheint ein besonders attraktives Hobby zu sein. Mit wahrer Wonne tauschen einzelne Jäger Erfahrungen aus, wie sie erfolgreich Füchse erlegt haben. Besonders hübsch ist das Fachvokabular. Ich finde eine Tabelle über die »Ranz-, Brunft-, Rammel-, Rausch- und Balzzeit« der einzelnen Tierarten. Füchse »ranzen«. War die Ranz erfolgreich, »geht die Fähe dick« und »wölft« nach 50 Tagen.

Es wird Herbst. Ich sehe Felix gar nicht mehr. Nur sein, vielmehr ihr Bruder streift noch durch den Garten. Er ist immer sehr in Eile. Ich wüsste gern, was er die ganze Nacht über treibt. In Zürich haben sie Stadtfüchsen Peilsender umgeschnallt (keine Ahnung, wie sie das gemacht haben) und herausgefunden, dass die Tiere jede Nacht ihr Revier kontrollieren und die Duftmarken erneuern. Stadtfüchse leben manchmal in Patchworkfamilien zusammen. Dann bleibt z. B. die Tochter bei der Mutter und hilft bei der Aufzucht des nächsten Wurfs. Der Abschied von meinen halbstarken Füchsen fällt mir schwer. Meine Wildkamera beweist aber, dass manchmal nachts Füchse durch den Garten laufen. Einer ist groß und dick, einer ist klein und schmal – und hinkt ein wenig.

# 15

## *Der Mann im Garten*

Meinen Mann beschäftigt unser Garten weder aus romantischer noch aus therapeutischer oder esoterischer Sicht. Ihn bewegen mehr Aspekte wie Nützlichkeit und Zweckmäßigkeit. Er hat schnell festgestellt, dass sich bei dem sandigen märkischen Boden Kartoffelanbau eher nicht lohnt. Sonst würde er im ganzen Garten »Linda« züchten, diese einmalige Kartoffelsorte, um die auf dem Weltmarkt erbittert gestritten wird. Darf sie noch angepflanzt werden oder nicht? Was sagt das Sortenschutzamt dazu? Bauern kämpfen um den Erhalt von »Linda«, obwohl »Belana« viel besser sein soll. Mein Mann würde sogar die Garage zur Kultivierung von »Linda« abreißen. Er schickt, um sicherzugehen, Bodenproben an einen landwirtschaftlichen Dienstleister. Der stellt zu unserer Verblüffung fest, dass wir keinen lockeren Lehmboden haben … Also gibt es weiter Kartoffeln aus dem Supermarkt. Ich verschweige, dass eine Gartenakademie Tipps gibt, wie man Kartoffeln auch in Eimern und Kisten züchten kann. Sonst steht nachher die Terrasse voll mit unschönen Behältern. Ich schaue lieber auf Vergissmeinnicht und Maiglöckchen als auf keimende Kartoffeln und gelb-schwarz gestreifte Käfer.

Regelmäßig nehme ich meinen Mann an die Hand und ziehe ihn zu meinen botanischen Erfolgen. »Schau mal, diese winzige Primel! Die kommt jedes Jahr wieder! Ist das nicht niedlich?« Ich zeige auf ein gelbes Blümchen, während mein Mann besorgt zum Dach hochsieht. Dort oben droht sich eine harmlose Grünpflanze ins Gebälk zu bohren. Zusammen mit den drei Spatzenfamilien, die dort oben eingezogen sind, wird sie dem Dach den Garaus machen. Erst fallen einzelne Ziegel ab, dann regnet es rein, und beim nächsten Sturm hebt das Dach ab und macht drüben auf dem Hof der Grundschule eine Notlandung. Das will ich natürlich auch nicht. Und so halte ich zähneknirschend die Leiter, während mein Mann die Kletterpflanze rigoros kürzt. Dasselbe geschieht auf der anderen Hausseite mit dem wilden Wein. Der sieht zwar gerade im Herbst mit seinen Rottönen äußerst dekorativ aus, aber auch seine Ranken werden über kurz oder lang ihr Zerstörungswerk beginnen. Der Wein hat nämlich kleine Saugnäpfe, die sich tückisch unter die Dachziegel bohren und diese dann spielend vom Untergrund lösen.

Während ich pflanze, hege und gieße, schneidet mein Mann gern etwas ab: Äste, Schlingpflanzen, Gakel und Knöterich. »Das muss was Archaisches sein«, meint die weise Ökofreundin Sabine. »*Alle* Männer lieben es, im Garten etwas abzuschneiden.« Das bestätigt auch eine Freundin in

Hessen. Sie gibt grundsätzlich keine großen Gartengeräte mehr an ihren Mann aus.

Mit dem Efeu in unserem Garten pflegt mein Mann eine besondere Feindschaft. Der Efeu klettert die Kiefern hoch, er unterwühlt die zarten Anemonen, er marschiert mit seinen Tentakeln auf die Terrasse zu und wird uns eines Tages beim Frühstück überwuchern. Ich beklage mich bei der Gärtnerei am Friedhof, als ich mal wieder Blumenerde und Dünger kaufe. Die Besitzerin wäre froh, wenn der Efeu in ihrem Tätigkeitsbereich, auf den Gräbern, so gedeihen würde. Bereits beim Einzug hat mein Mann an dem einen oder anderen Efeustrang, der sich ihm frech in den Weg gelegt hat, gerissen und geschnippelt – mit dem Erfolg, dass der Efeu noch üppiger wächst als vorher. In einer Zimmerecke kommt ein kleiner Seitentrieb sogar durch die Wand! Ich bewundere die Durchsetzungskraft der Natur und würde den Efeu im Wohnzimmer lassen, aber noch ehe ich den Gedanken aussprechen kann, hat mein Mann das Grünzeug ausgemerzt. Schade, wer hat schon einen Efeu, der dekorativ durch die Wand wächst und sich am Bücherregal hochrankt? Unser Schuppen wird mittlerweile von innen begrünt, weil der Efeu jeden Ritz findet. Und wo kein Ritz ist, bohrt er sich einen. Die Efeu-Wand im Schuppen hat mein Mann aber noch nicht entdeckt. Er ist gerade in einen Kampf mit dem Knöterich verwickelt.

Der Knöterich windet sich um eine alte Teppichstange und verhindert im Frühjahr und Sommer, dass die Leute gegenüber freie Sicht in unser Wohnzimmer haben. Auch ich muss ihnen umgekehrt nicht mehr zusehen, wie sie Frühsport treiben oder Blattläuse zählen. Aber mein Mann entdeckt unter dem Knöterich einen mickrigen Fliederstrauch. Ich wusste gar nicht, dass er über biologische Fachkenntnisse verfügt … Der Knöterich lässt dem Flieder keinen Raum, also muss er ab! Mit einer Art Machete wandert mein Mann zur Teppichstange und versetzt die Nachbarin, die gleich daneben auf der Sonnenliege ruht, in Angst und Schrecken. Sie springt auf und bringt sich halbnackt in Sicherheit. Laufen jetzt auch Lehrer Amok? Die Frau beruhigt sich wieder und kehrt auf die Liege zurück, als die Machete nur gegen den Knöterich zum Einsatz kommt. Ich fand es mit Knöterich schön grün und dicht wie im Dschungel. Jetzt ist es rund um die Teppichstange leer und kahl wie im Winter. Dem befreiten Flieder ist es wurscht. Der geht einen Monat später sowieso ein.

Mein Rücken tut höllisch weh, die Hände sind rau und rissig. Fünf Stunden lang habe ich im Garten Rhododendronbüsche betreut: die alte Mulchschicht entfernt und in vier Laubsäcke gestopft, die Säcke zum Straßenrand geschleift, Spezialdünger eingeharkt, die alte Erde mit »Muttererde« angereichert, frischen Rindenmulch aufgetragen und reichlich gegossen. Vorher vertrocknete Blätter und Blüten entfernt und tote Zweige abgeschnitten. Und überprüft, ob der gefräßige Dickmaulrüssler wirklich ausgerottet ist. Eine Amsel und ein Rotkehlchen springen mir ab und zu dazwischen, weil irgendwo ein lebensmüdes Insekt aus dem Mulch hervorschaut.

»Siehst du eigentlich, was ich heute den ganzen Tag gemacht habe?« – »Natürlich«, lügt mein Mann hinter der Zeitung. »Soso. Wo habe ich denn gearbeitet?« – »Vorn an der Garage«, behauptet mein Mann. Da hat er ausnahmsweise richtig geraten. »Und was habe ich da gemacht?« – »Du hast Unkraut gejätet.«

Mit dieser Antwort liegt mein Mann in der Regel zu 50 Prozent richtig. Er nimmt allerdings daran Anstoß, dass ich für den Rhododendron-Müll vier Laubsäcke verwendet habe. Er drückt und stopft und stampft und komprimiert den Inhalt um 50 Prozent. Ohne fremde Hilfe lassen sich die Säcke zwar nicht mehr zukleben, aber wir haben acht Euro gespart. Dafür kauft sich mein Mann lieber Zigaretten.

Ich will ihm die drei Thuja-Sträucher vorführen, die ich gekauft habe. In 20 Jahren werden sie den riesigen Glasanbau vom Haus gegenüber verhüllen. Auf dem Weg zum Zaun verliere ich den Gatten, weil er irgendeine Schraube gefunden hat. Ihn fesselt jetzt viel mehr die Frage, wohin die gehört. An einen Gartenstuhl? An sein Fahrrad? An die Kettensäge? Mein Mann verschwindet auf Nimmerwiedersehen im Keller. Die Thuja-Sträucher hat er bis heute nicht zur Kenntnis genommen, dabei sind sie mittlerweile ganze zehn Zentimeter gewachsen.

Im Urlaub interessiert sich mein Mann eher für technische und kulturelle Errungenschaften, für bearbeiteten Stein in Form von Kirchen, Museen und Statuen, für Eisenbahn-Hebebrücken und Schleusen. Er mag den Blick auf das Werk von Menschenhand, auf Stadtmauern, Wassertürme und weite Agrarlandschaften. Ich interessiere mich mehr für die Natur und brauche das Gedränge in berühmten Gemäldegalerien und auf alten Marktplätzen immer weniger. Es sei denn, in einer Ecke des Platzes nisten Schwalben. Ich kann stundenlang im Wald Pilze suchen oder Marderhunde beobachten, ohne einer Menschenseele zu begegnen. Das geht besonders gut in der Uckermark oder in Masuren. Mir fehlen Museen und Kirchen überhaupt nicht. Ich sehe lieber Wälder und unberührte Seen als riesige Mais- und Spargelfelder. Im Urlaub schließen wir natürlich Kompromisse. Ich latsche mürrisch durch die Uffizien, während mein Mann laut gähnt, wenn ich mit dem Fernglas einen Fischadler suche. Dabei habe ich ihm ein eigenes kleines Fernglas gekauft ...

»Können wir endlich gehen?« ist unser jeweiliger Lieblingssatz, den wir von unseren Schülern gelernt haben.

Unsere verschiedenen Interessen unter einen Hut zu bringen ist schon im Urlaub nicht ganz einfach, aber im begrenzten Haus- und Gartenbereich erfordert es besonderes diplomatisches Geschick. Eine Fähigkeit, zu der mich meine Mutter gern erzogen hätte. Leider haben ihre Bemühungen (»Eine Frau muss sich etwas blöd anstellen, damit der Mann das Gefühl der Überlegenheit und Entscheidungsfreiheit behält«) nicht viel gefruchtet. Mein Mann und ich sind beide Erstgeborene in einer langen Geschwisterreihe und möchten beide auch weiterhin den Ton angeben. Psychologen behaupten, dass Erstgeborene besonders gern Lehrer werden. Da weder mein Mann noch ich gern nachgeben, führen wir viele intensive Diskussionen. Besonders über bauliche Veränderungen.

Mein Mann möchte den Keller trockenlegen. Dort unten wellen sich nämlich seine alten Vokabelhefte und Studienarbeiten, weil es so feucht ist. Auch meine vielen Fotoalben leiden. Der Ästhet von nebenan hat nicht nur einen trockenen Keller, er hat die unteren Gemächer tiefer legen lassen, sodass er eine dritte Wohnebene gewonnen hat. Dort unten kann sein Personal schlafen und fernsehen. Mein Mann möchte auch so einen tiefer gelegten Keller. Ich nicht. Wer soll da bitte übernachten oder auf dem Hometrainer fahren? Außerdem habe ich in unserem Wohnviertel gesehen, was es bedeutet, einen Keller trockenzulegen. Dafür wird rund ums Haus alles, was wächst, entfernt, damit der Boden an der Kellerwand aufgegraben werden kann. Alle mühsam aufgepäppelten Rhododendren, alle Blumenbeete an unserem Haus würden dabei draufgehen. Ich könnte weinen, wenn ich an das Geld und an die Arbeit denke, die ich da reingesteckt habe. Ich hole die feuchten Quittungen aus dem Keller und lege sie meinem Mann vorwurfsvoll hin. Wir brauchen viel dringender ein neues Auto, eine neue Heiztherme und einen neuen Abfluss im Keller. Das Thema »Keller trockenlegen« ist erst mal vom Tisch.

Kaum sind auf dem Konto 100 Euro übrig, hat mein Mann eine neue Idee: »Wollen wir nicht einen Wintergarten anbauen? Es ist einfach zu eng im Haus!« Man könnte natürlich ein paar seiner Schätze entsorgen, also die alten Vokabelhefte und Studienunterlagen. Auch Goethes *Faust* und Storms *Schimmelreiter* brauchen wir nicht in dreifacher Ausfertigung. Ich würde mich auch von zwei Ausgaben Puschkin lossagen. Aber Trennungsarbeit bewältigt nicht jeder Mensch so ohne Weiteres. Manche brauchen tiefenpsychologische Unterstützung oder Familienaufstellungen, um loszulassen. Wer nicht ausmisten will, muss anbauen. Einmal am Tag schwärmt mein Mann von seinem Wintergarten. Er sieht sich dabei im Schaukelstuhl sitzen und Rotwein trinken, während ich zu seiner Erbauung auf dem Klavier ein bisschen Mozart spiele. Mich stört beim Thema

Wintergarten weniger ein weiterer Kredit, den wir aufnehmen müssten, als die Tatsache, dass dabei die Terrasse samt allen Sonnenbeeten überbaut wird. Ich will im Sommer nicht in einem Glaskäfig sitzen. Außerdem fliegen immer Vögel gegen die Glasfront, egal, wie viele schwarze Raubvogel-Silhouetten man dranklebt. Wieder hole ich meine feuchten Quittungen aus dem Keller. Um zu demonstrieren, wie viel Geld in den Sonnenbeeten steckt: dreimal Sommerflieder, jede Menge Goldfelberich, Rosen, Märzenbecher, Narzissen, Hibiskus, Platterbsen. Und nun alles für einen Wintergarten plattmachen? Lieber bestelle ich bei der Stadtreinigung einen Container und lasse die Hälfte unserer Bücher und Aktenordner abholen. Ich vertröste meinen Mann mit dem Wintergarten auf die späten Lebensjahre, wenn wir nicht mehr verreisen, nicht mehr pflanzen und graben können und nur noch daheim rumsitzen wollen. Also so in 50 Jahren.

Bis dahin muss weiter im Garten gewerkelt werden. Wobei meinem Mann die schönen Aufgaben des Rodens, Rasenmähens und Häckselns vorbehalten sind. Allerdings nur unter meiner Aufsicht! Mein Mann betritt den Schuppen und reißt als Erstes den Efeu innen ab. Bevor er sich auch noch am Outdoor-Efeu vergreift, schreitet die Dschungelpatrouille ein. »Halt, dadrin nisten jetzt Vögel! Finger weg vom Grünzeug!«, schreie ich quer durch den Garten und hebe drohend die Harke. Bevor sich mein Mann dem Tundra-Trockenrasen widmet, schreitet er erst mal den Garten ab und sieht sich alles an. Da muss ich aufpassen. Im letzten Sommer hat er erst mal das »Unkraut« im Randbereich niedergemäht. Seither sind meine drei pubertären Himbeersträucher verschwunden. Jetzt wandert mein Mann mit der riesigen Baumschere durch den Garten, statt Rasen zu mähen. Mir schwant Böses. Ich stelle mich schützend vor den Apfelbaum und schicke meinen Mann zu seiner eigentlichen Aufgabe zurück: Rasen mähen, aber nur den mittleren Bereich. Den Randbereich und die zwei »Blumeninseln« pflege ich lieber selbst, auf Knien und mit der Nagelschere, bevor der Rasenmäher Wildblumen und Kräuter ausmerzt.

»Warum hast du den Rasen denn nur zur Hälfte gemäht?«, frage ich eine Stunde später. Mein Mann zeigt auf ein Gänseblümchen, das mitten auf der Trockenwiese steht: »Hätte ich das etwa niedermetzeln sollen?« Außerdem wünscht er sich einen Rasenmäher zum Draufsetzen oder einen Trecker, nicht so eine alte Mühle, die bei jedem Stein den Geist aufgibt und alle zwei Minuten geleert werden muss. Zu den Gartenhobbys meines Mannes zählen auch das Häckseln sperriger Äste, das Auf- und Abhängen der Nistkästen, das Reinigen von Garagendach, Gauben und Dachrinnen. Ich halte dabei die Leiter und überlege, wohin ich ausweiche, wenn mein Mann runterfällt. Auch das Zusammenharken der Kiefernnadeln überlasse ich ihm großzügig.

»Was für schöne Kiefern ihr habt!« Die Besucher staunen. Ja, unsere 13 Bäume sind wirklich sehr ansehnlich, sehr hoch und sehr alt. Manche sind bis zur Krone dicht mit Efeu bewachsen. Ein idealer Tummelplatz für Vögel und Eichhörnchen. Im Efeudickicht raschelt, rumort und streitet es ständig. Im Sommer spenden die Kiefern Schatten. Das ist bei 35 Grad sehr angenehm. Mein Mann hat die Kiefern nur einen Sommer lang geliebt. Seit er mehr in die Gartenarbeit einbezogen wird, grollt er ihnen. Am liebsten würde er sie nachts heimlich absägen. Aber das darf er nicht. Die Bäume stehen unter Naturschutz.

Manche Nachbarn behaupten, die Kiefern in ihrem Garten nähmen ihnen jedes Licht. Sie deklarieren ihre Bäume als alt und krank. Dann erlaubt das Gartenbauamt nämlich, dass sie gefällt werden. Die Anzahl der morschen und kranken Bäume im Viertel ist erstaunlich hoch. Ständig jault irgendwo eine Säge. Zwei bis vier Gartenarbeiter braucht es, um aus einem so großen Baum Kleinholz zu machen. Ich bezweifle, dass bei jedem gefällten Baum eine Erlaubnis des Gartenbauamts existiert. Aber ich belehre und kontrolliere im Schulalltag schon genug …

Warum mein Mann keine Kiefern mag? Weltweit sind diese Bäume doch beim Aufforsten äußerst beliebt. Sie sind genügsam und wachsen schnell. »Kiefern symbolisieren in Japan Stärke und Geduld«, lese ich meinem Mann vor, während er den Gartenweg fegt. »Kiefernnadeln enthalten ganz viel Vitamin C. Manche Leute essen sie sogar roh!« Mein Mann knurrt und klebt den dritten Laubsack zu. Der Garten liegt immer noch voller Kiefernnadeln und Kiefernzapfen. Ich habe Till, den Nachbarsjungen, mit einer Kugel Eis gelockt – für jeden Eimer, den er mit unseren Kiefernzapfen füllt. Natürlich habe ich vorher seine Mutter gefragt. Kinderarbeit ist ja eigentlich verboten … Till geht zunächst auch sehr engagiert ans Werk, aber nach zehn Kienäppeln findet er eine stattliche Kröte, die bisher dem Fuchs entgangen ist, und lässt sofort alles andere stehen und liegen. Ich fotografiere die prächtige Kröte und kaufe Till trotzdem ein Eis.

Dann fahre ich zum Recyclinghof und kaufe noch zehn

Laubsäcke. Die kosten pro Stück vier Euro. Man stellt sie gefüllt an den Straßenrand. Irgendwann holt die Stadtreinigung sie ab. Und macht aus dem Inhalt Kompost, den man dann wiederum für vier Euro kaufen kann. Die vollen Laubsäcke verschwinden in der Regel innerhalb von wenigen Minuten. Manchmal nimmt jemand sie uns gleich aus der Hand, wenn wir sie raustragen. Aber das ist nie ein Angestellter der Stadtreinigung. Privatleute kurven mit ihren Lieferwagen durchs Viertel und sammeln die Säcke ein. Für jeden vollen Sack, den Privatleute abliefern, zahlt der Recyclinghof einen Euro. Das Geschäft scheint sich zu lohnen. Noch gewinnbringender ist es, die Laubsäcke, die jemand zum Abholen an den Straßenrand gestellt hat, einfach auszuleeren und zu klauen. Dann hat man einen Gewinn von vier Euro!

Nicht alle Gartenbesitzer sind so blöd und kaufen teure Laubsäcke. Eine praktische Nachbarin fährt ihren Gartenmüll einfach in den Wald. Dort unter den Bäumen vermodert ohnehin jede Menge Zeugs, da fällt ihr Mist gar nicht ins Gewicht. Manche stopfen ihre Gartenabfälle in normale Mülltüten und stellen sie neben die Altkleider-Container im Bezirk. Irgendjemand wird sie schon entsorgen, wenn es am Straßenrand überquillt. Andere fegen ihre Kiefernnadeln in den Rinnstein. Da muss die Stadtreinigung sowieso irgendwann fegen. Ich glaube, der Ästhet wirft manchmal seine alten Äste über unseren Zaun. Aber ich habe ihn noch nicht dabei erwischt. Besonders Raffinierte sondieren, wer gerade verreist ist. Kurz bevor die Müllabfuhr kommt, stopfen sie ihren Gartenmist schnell in die graue Tonne der Abwesenden. Falls ihnen nicht schon jemand zuvorgekommen ist. Eine Familie hat ihre Mülltonne mit einer Kette und einem Vorhängeschloss gesichert, damit kein Fremdmüll eingefüllt wird.

Wenn mein Mann ein Wochenende lang gefegt und geharkt hat, der Garten sauber und adrett in der Sonne liegt, kommen über Nacht ein paar Windböen – und der Garten liegt wieder voller Kiefernnadeln. »Ich bin doch nicht Sisyphos«, murrt mein Mann, als ich ihm den Besen in die Hand drücke. »Die Dachrinnen müssten auch mal wieder gereinigt werden«, muntere ich ihn auf. Die Amseln finden es toll, wenn die Dachrinnen dreckig sind. Sie wühlen und zerren darin herum und lassen Stapel von Kiefernnadeln und undefinierbaren schwarzen Dreck runterfallen. Genauso machen sie es mit dem Rindenmulch unter dem Rhododendron. Sie scharren ihn weg und schieben ihn auf den Gartenweg. Es ist ihnen völlig wurscht, ob da gerade jemand gefegt hat. Deswegen grollt mein Mann nicht nur den Kiefern, sondern auch den Amseln.

Kiefernnadeln hängen laut Internet 2 bis 30 Jahre am Baum. Bei uns nicht. Sie rieseln ständig herunter. Sie sind überall, sogar im Abfluss oder im Bett. Dabei habe ich extra so riesige Filzpantoffeln zum Geburtstag bekommen, wie man sie in Schlössern tragen muss. Die Dinger soll ich überziehen, wenn ich mit meinen schmutzigen Gartenschuhen ins Haus will. Die Pantoffeln stehen leider nie griffbereit dort, wo ich sie bräuchte.

Manchmal finde ich mein Auto unter all den Kiefernnadeln nicht sofort. Wenn der Automechaniker die Motorhaube öffnet, fallen ihm eimerweise Nadeln entgegen. Bei Sturm donnern die Kiefernzapfen wie kleine Geschosse auf die Markise oder aufs Autodach. Mein Autodach hat lauter kleine Dellen. Aber besser Dellen auf dem Autodach als auf dem Kopf. Erstaunlich, dass es im Deutschen nur ein einziges Wort für Kiefernnadeln gibt. In Schottland hat man 421 Begriffe für Schnee. Auf Somali gibt es 46 Bezeichnungen für Kamele. Hier quillt alles über von Kiefernnadeln – aber es gibt kein einziges Synonym.

»Warum kann man mit den Kiefernprodukten nicht etwas Sinnvolleres anfangen?«, fragt mein Mann, als er wieder einen Eimer Zapfen beim Brennholz entleert. Sie knacken im Winter so schön im Kamin. Im Internet finde ich viele reizende Bastelideen. Im Dezember muss meine siebte Klasse kleine Weihnachtsmänner und Englein herstellen. Dabei werde ich schon mal an die 180 Kienäppel und drei Quadratmeter roten Filz los. Die nächsten 500 Stück bemalen wir in Gold und Silber, bohren kleine Ösen rein und verzieren damit das Schulgebäude. Unser Festschmuck hängt ein Jahr später immer noch dort …

Mein Neffe heiratet im Februar. Das junge Paar findet es nett, dass ich die Dekoration für die Feierlichkeiten übernehme. Und wenn ich was mache, dann richtig! Kleine Brautpaare aus Kienäppeln verzieren die Tafel. Eulen, Fledermäuse und Vögelchen aus Kienäppeln schweben unter der Decke. Platzkartenhalter aus Kienäppeln, Trockensträuße mit eingeflochtenen Kienäppeln und jede Menge angemalter Kienäpfel auf dem Buffet. Über dem Platz des Brautpaares ein Mobile mit Kienzapfen-Babys. »Ich gebe dir gern die Bastelanleitungen, falls du so was später mal mit deinen Kindern machen willst!«, verspreche ich der Braut. Die lächelt tapfer. Später höre ich zufällig, wie sie zu einer

Freundin sagt: »Diese albernen Tannenzapfen waren wirklich nicht unsere Idee!« Die Jugend von heute ist undankbar. Vielleicht sollten wir unsere Heizung auf Kiefernzapfen umstellen. Im Keller stehen schon vier große Umzugskartons mit dem wertvollen Brennstoff.

Im Frühjahr widme ich mich der sinnvollen Verwendung von Kiefernnadeln. Solange sie frisch und grün sind, kann man ganz wunderbare Dinge damit anstellen: Marmelade und Tee kochen, Likör, Schnaps und Badezusätze brauen. Kiefernnadeln wirken angeblich entzündungshemmend, durchblutungsfördernd und schmerzlindernd. Sie schützen vor Erkältungen, vor körperlicher und seelischer Erschöpfung. Sie fördern Selbstvertrauen, Lebensfreude und Energie – aber auch Ordnung und Durchsetzungskraft. Sie unterstützen unsere Fantasie! Sie geben Frieden und Weisheit. Und all das nur, wenn man einen Tropfen Öl in die Duftlampe oder ins Badewasser gibt. Ich bin erstaunt, dass die Pharma-Industrie noch nicht an unsere Gartenpforte geklopft hat, um das Monopol auf unsere Kiefern zu erwerben. Leider wachsen die frischen jungen Kiefernnadeln ganz oben, wo nur die Eichhörnchen rumturnen. Mein Mann weigert sich, ihnen Gesellschaft zu leisten, obwohl unsere Leiter lang genug wäre. Also gibt es keinen »Zehlendorfer Latschenlikör«.

Im Internet sucht einer verzweifelt sieben Tonnen Kiefernnadeln. Er verrät allerdings nicht, was er damit will. Braucht er Bindemittel für sein Bio-WC? Obwohl es sich so anfühlt, aber sieben Tonnen Nadeln werfen unsere Kiefern denn doch nicht ab. Leider kann ich bei meinem Mann die Liebe zur Kiefer überhaupt nicht entfachen. »Die Kiefern machen den Boden sauer!«, schimpft er. »Außerdem heben die Wurzeln die Steinplatten an.« Anklagend zeigt er auf die Garageneinfahrt. Die Steinplatten liegen wirklich schief und krumm. Die müssen dringend planiert werden, sonst bleibt das Auto irgendwann hängen.

Die Lösung kommt schneller, als wir ahnen. Im schönen Monat Mai klingelt es. In der Regel ist es der Paketbote (ich sorge nämlich für viele Arbeitsplätze in Internetfirmen), ein Zeuge Jehovas oder der hartnäckige Vertreter einer Wohltätigkeitsorganisation, der einem ein schlechtes Gewissen machen möchte. Oft will auch jemand Kartoffeln verkaufen (leider nie »Linda«), das Dach neu decken oder unbedingt unsere Fenster erneuern. Vor der Tür steht diesmal ein kleiner Mann, der mir wortreich auf Englisch erklärt, was ich längst weiß: Unsere Garageneinfahrt müsste dringend erneuert werden. Eigentlich soll man ja keine Türgeschäfte abschließen, aber in dem Fall ist es so schön bequem und auch noch preiswert. Wir müssen keine Firma suchen, keine Kostenvoranschläge einholen und schwierige Entscheidungen treffen. »Joe Pflaster« überreicht uns seine Visitenkarte und Prospekte mit den herrlichsten Gartenwegen und Terrassenböden. Ton in Ton, bunt gemustert, mit Ornamenten und Mosaiken. »Joe Pflaster« überhäuft uns mit einem Schwall an Vorschlägen, welch wunderbare Muster er für uns legen wird. Er gibt »100 Prozent!«, betont er immer wieder, egal, ob es sich um Material, Arbeitsleistung, Tempo oder Qualität handelt.

Eigentlich könnten auch gleich die Gartenwege ums Haus herum erneuert werden. »Joe Pflaster« hat viele Ideen und verspricht dekorative »Flaschensteine«. Ich amüsiere mich mal wieder über den Wortschatz im Bastel- und Heimwerkermilieu. In meiner Sammlung alberner Begriffe und Namen befinden sich bereits »Klappspinde«, »Rändelmuttern« und »Krückenkapseln«. Ich ergänze »Flaschensteine« und streiche das Wort wieder, als ich entdecke, dass »Joe« aus Irland banale »Pflastersteine« meint. Davon fährt er uns einen Lieferwagen voll vor die Tür. Ich merke, dass er gar keine vornehme britische Firma vertritt, wie es all die schönen Prospekte vorgaukeln. Die Steine kommen einfach aus dem nächsten Baumarkt. Und die Männer, die hier richtig hart ackern, kommen aus Moldawien und Rumänien. Joe und Sohn zeigen ihnen nur, was sie machen sollen.

Mir liegt es nicht, die ganze Zeit als Kontrolle danebenzustehen. Etwa die angelieferten Steine und Zementtüten zu zählen. Ich habe auch gar keine Zeit dazu. Als ich aus der Schule komme, liegen die Kiessäcke und die alten Gehwegplatten im Vorgarten. Zugegeben, da wächst kein englischer Zierrasen, aber sieht man denn nicht, dass da Blumen gepflanzt sind? Ich schimpfe, aber die beiden Männer, die bei uns graben und hämmern, verstehen mich nicht. Auch nicht, als ich auf die zerdrückten Pflanzen zeige. Erst, als ich anfange, die Gehwegplatten von den zerdrückten Blumen wegzuzerren, lächeln sie milde und helfen mir. Sie tragen die Gehwegplatten eine Ecke weiter und werfen sie dort in den Farn.

Der Gatte und ich streiten erbittert darüber, wie breit und wie lang die Steinwege ums Haus herum werden sollen. Mein Mann, ein Fan von Zweckmäßigkeit und praktischer Lebensführung, hätte sie gern möglichst breit und ausführlich. Am liebsten würde er gleich noch die Rasenfläche betonieren und grün anstreichen lassen. Ich will aber nicht überall »Flaschensteine«. Ich möchte lieber Rasen und Immergrün. Ich rede mir den Mund fusselig und verspreche die irresten Dinge. Ich würde die Wegränder begrünen, Rasen säen und pflegen. Alles, nur keinen Beton rund ums Haus.

Wir holen uns Berater aus dem Freundeskreis, stehen den Bauarbeitern im Weg und diskutieren immer wieder von vorn: Rasen oder Beton? Die Frauen geben mir recht, die Männer begeistern sich für Mörtel, Kies und Gehwegplatten. Schließlich setzt sich die Vernunft durch, und ich kaufe zwei große Säcke Saatgut für Schattenrasen und jede Menge »soil«, wie »Pflaster-Joe« die Blumenerde nennt. Eine Woche lang wird gegraben, gehackt, geklopft und gepflastert. Jeden Tag treten andere Männer an. Mit dem Jungen aus Polen kann ich drei Wörter wechseln, aber mit den beiden Arbeitern aus Albanien funktioniert nur Zeichensprache.

Ein sparsamer Nachbar interessiert sich für unsere alten Gehwegplatten. Er lässt sie sich vor seinen Schuppen legen und freut sich über das Schnäppchen. Er revanchiert sich mit ein paar Tipps für den Alltag. Das Restaurant, das er uns empfiehlt, ist zwar äußerst großzügig mit den servierten Mengen, aber die Qualität der Speisen lässt zu wünschen übrig. Der sparsame Nachbar empfiehlt uns auch die Wurstanschnitte aus dem Supermarkt: »Jede Packung ist wie eine Pralinenschachtel! Voller Überraschungen!« Und er will mir so einen metallenen Schlüssel verkaufen, mit dem man Zahnpasta- und Senftuben bis auf den letzten Klecks nutzen kann. Diese Tubenausdrücker gab es nämlich nur im Dreierpack, deswegen hat er jetzt zwei zu viel. Vermutlich sperrt er seine Seifenreste in so einen kleinen Plastikbeutel und kann sie verwerten, bis nichts mehr übrig ist. »Du verwöhnte Nachkriegsgöre«, sagt mein Mann, als ich über den Nachbarn mit den erbeuteten Gehwegplatten spotte. Mein Mann findet Sparsamkeit gar nicht so schlecht. Zumindest, wenn es um mein Kaufverhalten geht.

Mit dem Bezahlen von »Pflaster-Joe« hätten wir vielleicht bis zum Schluss warten sollen. Wir sind so weit eigentlich zufrieden, ich schreibe sogar eine Empfehlung für die nächsten Kunden, aber ein paar Kleinigkeiten müssten noch verbessert werden. An einer Stelle »wellt« sich der Weg. Das Gartentor schließt nicht mehr richtig. Die Abschlusskante der Steinplatten ist nicht richtig gelungen. »Pflaster-Joe« verspricht die Korrekturen zu »100 Prozent«. Und verschwindet auf Nimmerwiedersehen.

Wir sind sauer, aber eine Woche später kommt ein multikultureller Trupp Arbeiter, der die Verbesserungen vornehmen will. Wir denken natürlich, »Joe Pflaster« schickt sie. Ehe wir protestieren können, sind alle Pflastersteine auf den Gartenwegen wieder ausgegraben. Der dicke britische Vorarbeiter will 500 Euro Vorschuss für die Arbeit. Mein Mann weigert sich, für Reklamationen so viel zu bezahlen. Es kommt zum Streit, die Truppe will entschwinden und uns mit aufgewühltem Erdreich und einem Stapel loser Steine zurücklassen. Mein Mann stellt sich dem Lastwagen in den Weg, erinnert sich aber dann doch an das Sprichwort vom Klügeren, der nachgibt, und springt beiseite. Ich habe die Autonummer notiert. Als die Polizei eintrifft, kommen auch die Arbeiter wieder zurück. Ihr dicker Vorarbeiter, der anscheinend schon Begegnungen mit den hiesigen Ordnungshütern hatte, bleibt verschwunden. Der Bautrupp behauptet, mit »Joe Pflaster« überhaupt nichts zu tun zu haben. Wir hätten ihnen einen völlig neuen Auftrag gegeben und wollten sie nun nicht bezahlen. Die Polizisten empfehlen uns fürs nächste Mal eine deutsche Firma am Ort. Dort hätten wir auch eher Regressansprüche als in Irland. Die Männer stellen äußerst mürrisch und nachlässig den vorherigen Zustand der Gartenwege wieder her. Die Arbeiter wohnen alle auf demselben Campingplatz im Umland, und es ist nicht auszuschließen, dass sie sich Tipps geben, wo man noch gut abkassieren kann.

Wir haben jetzt ein paar unordentlich gepflasterte Wege rund ums Haus. Statt einer hübschen Abschlusskante gibt es ein paar lose Steine, über die ich oft stolpere. Mein mühevoll gesäter Rasen auf mühsam aufgehäuftem Boden war einen Monat lang grün und saftig, danach verschwand er Halm für Halm. Zwei Büschel sind noch übrig. Ich habe resigniert zugestimmt, dass der nächste Handwerker (bei einer Firma mit ordentlicher Meldeadresse beschäftigt) den Weg breiter und länger pflastert. Genug lose Steine liegen noch hinter unserem Schuppen.

# 16

*Schwere Trennungsarbeit*

Es ist alles getan. Der Winter kann kommen. Die Zwiebeln und Knollen fürs Frühjahr sind im Boden versenkt, die Zwiebeln und Knollen der Herbstblumen dagegen sind ausgegraben und mäusesicher im Keller versteckt. Ich habe Unkraut gejätet, Kiefernnadeln entfernt und auf den Beeten Tannengrün verteilt. Das Wasser ist abgestellt, die Gerätschaften warten im Schuppen auf die nächste Saison. Den Gartenschlauch hat mein Mann unwillig in den Keller geschleppt. Bei den Stauden schneide ich auf Anweisung meiner Ökofreundin die vertrockneten Teile *nicht* ab! Im Winter fallen nämlich hungrige Vögel darüber her. Bei mir müssen sie das eigentlich nicht. Es gibt ein reichhaltiges ganzjähriges Futterangebot. Im Sommer habe ich für die Vögel extra noch die bunte Mischung »Vogelwiese« ausgesät. In den Blumenkästen sind tatsächlich vier Grünpflanzen ans Tageslicht gekommen, von denen eine wie Kolbenhirse

aussieht. Da aber im Garten keine Wellensittiche rumflie-
gen, hat sich bislang niemand dafür interessiert.

Was macht man jetzt an den dunklen Wochenenden,
wenn es für die Schule ausnahmsweise nichts zu tun gibt?
Am Kamin lesen oder die Wintervögel an der Futterstelle
zählen? Stricken kann ich nicht. Von meinen Eltern habe
ich gelernt, dass man immer etwas Sinnvolles tun muss! Wir
könnten mal richtig aufräumen und entrümpeln.

Vor unserer Heirat hatte ich eine große Altbauwohnung
in Charlottenburg. Mit Hängeböden und jeder Menge Stau-
raum. Mein Mann saß in einer großen Altbauwohnung in
Schöneberg. Mit Keller. Wir konnten alles, aber auch wirklich alles aufheben! Und hatten noch genug Platz für Feten,
Aerobic und Segways. In der Wohnung meines Mannes gab
es noch eine Altberliner Dienstmädchenkammer, die er als
Zeitschriftenarchiv und Schuhschrank nutzte, einen Dienst-
botenaufgang in der Küche und in jedem Zimmer Klingeln.
Zu seinem Bedauern kam da niemand mehr zum Servieren
und Aufräumen, wenn die Herrschaft klingelte.

Unser jetziges Hexenhaus ist gemütlich und klein. Schwer
vorstellbar, dass eine Ecke weiter eine fünfköpfige Familie
mit Hund reinpasst. Die führen vermutlich ein Leben ohne
Bücher.

Als mein Mann und ich zusammenziehen, ist in der Schule gerade Hoch- und Prüfungsbetrieb. Wir haben wenig
Zeit zum Aussortieren. Aber wir haben beide einen vollstän-
digen Haushalt. Wir besitzen zusammen zwei Staubsauger,
vier Besen und acht Klobürsten. Wir reduzieren beim Zusammenziehen erst mal die größeren Gerätschaften wie
Waschmaschinen und Breitwandfernseher. Das modernere

Gerät behalten wir, und mein Krempel kommt zum Recyclinghof. Wo es nie landet. Denn vor der Müllabfuhr warten immer Autos mit östlichen Kennzeichen, deren Besitzer alles einsammeln, was mal elektrisch war. Auch, wenn es nicht mehr funktioniert.

Besitztümer, die wir nicht dringend brauchen, kommen in Kisten, die Kisten kommen in den feuchten Keller. Dort stehen sie immer noch. Im Keller laufen zwar ununterbrochen Trockengeräte, aber Bücher, Fotoalben und Ordner wellen und biegen sich trotzdem. Dort im Keller lagern Bettwäsche, Handtücher und Geschirr für eine mittelgroße Pension. Wir haben zwei Werkzeugkoffer, zwei große Kisten Nägel, Schrauben und Dübel, zwei Wasserkocher und zwei Espressomaschinen. Mittlerweile wird es schwierig, in den drei Kellerräumen einen gangbaren Pfad zu finden, geschweige denn einen Gegenstand, den man dringend braucht. Etwa den Garantieschein für das Waffeleisen oder den Stöpsel fürs Schlauchboot. Jungen Menschen, die einen eigenen Hausstand gründen wollen, raten wir, erst mal bei uns im Keller vorbeizuschauen, bevor sie unnötig Geld ausgeben. Aber komischerweise will niemand unsere Satinbettwäsche und die Schnapsgläser. Wir werden auch keine Koffer, Wäscheständer und Kochtöpfe los. Wir sind darüber nicht sehr traurig, denn im Bedarfsfall hätten wir ja stundenlang im Keller suchen müssen.

Meine Schwester ist wie immer ganz kategorisch: »Was man fünf Jahre lang nicht vermisst hat, kommt weg! Da wird nicht lange gefackelt!« Aber in den Kisten könnten sich Schätze verbergen. Mein Mann möchte erst mal alles sorgfältig sichten und prüfen.

Meine Schwester macht sich sofort ans Entrümpeln, wenn ihr Mann und ihre Söhne unterwegs sind. Nur dann hat sie die Chance, etwas loszuwerden. Wenn ihre Mannen früher nach Hause kommen, räumen sie den Kram nämlich wieder rein. »Das kann man doch noch gebrauchen!«, sagen sie konsterniert und stellen den defekten Bürostuhl zurück ins Arbeitszimmer. Darüber hinaus haben sie beim dörflichen Sperrmüll noch viele andere nützliche Dinge gefunden! Meine Schwester trägt manchmal heimlich alte Bücher und überflüssige DVDs in der Einkaufstasche aus dem Haus und »vergisst« sie im Bus oder im Stadtpark. Jahrelang hat kein Mensch diese Dinge benutzt, aber ihr plötzliches Verschwinden wird sofort bemerkt: »Wo ist bloß das sächsische Witzebuch geblieben?« Ein Sohn braucht ganz dringend sein altes Kinderbuch *Max und die Männchen*. Das ist aber längst zu Recycling-Klopapier mutiert. Die Aufräumtricks meiner Schwester habe ich begeistert übernommen. Auch in Berlin fahren Bücher in der U-Bahn spazieren, bis sich jemand ihrer erbarmt. Auf diese Weise habe ich auch 50 Prozent der Blumenvasen entsorgt. Nun stöbert mein Mann stundenlang im Keller rum und klagt, dass er den Wein-Dekantierer nicht finden kann. Oje. Diese komische Vase habe ich neben den Glascontainer gestellt, weil Blumen darin einfach doof aussehen. Das Teil hat sofort ein Kenner abgeschleppt. Ich kann keine Tränen sehen und kaufe notgedrungen einen neuen Wein-Dekantierer. »Der alte war viel schöner!«, nörgelt mein Mann.

»Wie viele Flaschenöffner, Schraubenzieher und Skatspiele braucht eigentlich ein gesunder Mann?«, frage ich meine Schwester, als ich zufällig eine Schublade im Geschirrschrank des Gatten öffne. Wir haben nämlich jeder einen eigenen Geschirrschrank, weil wir uns bisher nicht einigen konnten, welcher auf den Sperrmüll kommt. »Na, zwei oder drei von jeder Sorte würde ich gestatten«, antwortet meine Schwester gnädig. Na also, aber nicht 20! Weg mit dem Rest! Danach sammle ich sämtliche Feuerungsmittel in einer großen Kiste und stelle sie meinem Mann auf den Schreibtisch. Er versteht das als Einladung, mehr zu rauchen. Die alten Feuerzeuge müssen schließlich leer sein, wenn man sie entsorgen will.

Bevor wir die Kisten im Keller in Angriff nehmen, geht es erst mal an die Kleiderschränke. Was man ein Jahr lang nicht getragen hat und was schon beim Kauf zu eng war, kann getrost entfernt werden. »Du machst mit deinen vielen Klamotten den Textilmarkt in Afrika kaputt!«, schimpft mein Mann. Er hebt alles auf. Ich glaube, sein schwarzer Anzug ist an die 40 Jahre alt. Er spannt ein wenig am Bauch. »Aber der ist doch noch gut!«, behauptet mein Mann. Er macht mehrere Haufen auf dem Fußboden: einen für seinen Neffen, der mit Sicherheit ganz scharf auf diesen schwarzen Anzug ist. Einen Haufen für seinen jüngeren Bruder, einen Haufen für Oxfam. Zu den baumwollenen Unterhemden, formschönen Pullundern und exquisiten Krawatten gesellen sich noch ein paar Liederbücher aus der Pfadfinderzeit, Ausstellungskataloge und Theaterprogramme. In den Schränken ist jetzt mehr Platz, dafür haben wir diverse Plunderhaufen auf dem Fußboden, um die man mit dem Staubsauger Hindernislauf veranstalten muss. Die Haufen bleiben ein paar Monate lang dort liegen, bis ich sie nach und nach mit dem Hausmüll entsorge. »Wo ist die Krawatte mit dem Leopardenmuster? Die wollte ich meinem Bruder schenken! Wo sind überhaupt die ganzen Haufen geblieben? Hast du das etwa alles weggeworfen???«, schimpft der Gatte.

Nein, habe ich nicht. Von meinen aussortierten Sachen habe ich mich noch nicht getrennt … Allein zehn T-Shirts aus Amerika, bestickt mit Tigern, Wölfen und Papageien, liegen noch in der Zimmerecke. Jedes mit wertvollen Erinnerungen verknüpft, aber leider zu eng. Eins stammt von einem Gebirgssee in Colorado, eins aus einem Hippie-Geschäft in Florida. Ich nehme eine rosa Samtjacke mit barocken Applikationen wieder aus der Altkleidertüte raus. Zu schade für den Reißwolf. Im Kurs »Darstellendes Spiel« werden sie in der Schule doch sicher mal eine Prinzessin zu besetzen haben. Aber was mache ich mit drei Paar Cowboystiefeln? Die sind nahezu unbenutzt, weil ich mittlerweile lieber Birkenstock trage. Ich lasse die Stiefel beim Line-Dance-Kurs in der Garderobe stehen. Weitere schwere Entscheidungen nimmt uns daheim ein Trupp Kleidermotten ab. Die durchlöcherten Pullover kommen in den Hausmüll. Ich kann meinen Mann relativ schnell davon abbringen, einen Änderungsschneider oder Kunststopfer einzuschalten.

Mein Mann und ich sind von einer Generation geprägt worden, die Not kannte und alles aufgehoben hat. Wir mussten leider schon einige Haushalte auflösen und waren frappiert, was ältere Menschen über die Jahrzehnte sammeln: leere Marmeladengläser, ausgespülte Joghurt- und Margarinebecher. Geglättete Alufolie, gebügeltes Geschenkpapier, Plastiktüten, Papiertüten und Brotbüchsen, Kinderlätzchen,

Kinderlocken und Milchzähne, Babyschuhe, kistenweise Fotos, die man nicht zuordnen kann, weil weder Datum noch Name draufstehen. Ein großer Teil dieser Haushaltsauflösungen steht bei uns im Keller. »Was jemand so lange als Erinnerung aufgehoben hat, kann man doch nicht einfach wegwerfen!« Dass mein Mann dabei anscheinend für unsere Zukunft plant und eine alte Schnabeltasse, einen erhöhten Toilettensitz und einen »Hackenporsche« (Einkaufstasche auf Rädern) aufhebt, finde ich nicht so witzig.

Im Sommer wird mein Mann pensioniert. Eigentlich könnten all seine Unterrichtsordner für die Mittelstufe schon mal weg: »Den Kram brauchst du nie wieder, du hast doch nur noch Oberstufenkurse.« Mein Mann widerspricht nicht, weil er gar nicht zugehört hat. Ich sammle an die 30 Ordner ein und deponiere sie im Kofferraum. Gleich morgen fahre ich sie zur Bücherpresse auf den Recyclinghof: Sprichwörter und Redensarten, Fabeln und Märchen, Medienkompetenz, Dadaismus, Hexenverfolgung, Französische Revolution, Klimawandel, fairer Handel, Klassenfahrten und Projekte. Auf die freien Regalbretter stelle ich meine russischen Spieluhren und die böhmischen Weingläser, sobald ich sie in den Kellerkisten gefunden habe. Aber am Abend stehen die Ordner wieder an Ort und Stelle. Mein Mann ist zum jetzigen Zeitpunkt nur bereit, sich vom Ordner »Klassenfahrten« zu trennen. Er verteidigt sich: »Was ist, wenn ich im zweiten Halbjahr eine achte Klasse übernehmen muss? Meinst du, ich will mir alle Grammatik-Aufgaben noch mal aus den Fingern saugen?« Ich erzähle ihm was von innovativem Unterricht und frischen Ideen, aber er reagiert unwirsch: »Nicht alles, was neu und modern ist, ist automatisch gut.« Er will seine Materialsammlungen bei der Verabschiedung im Lehrerzimmer auslegen. »Die jungen Kollegen werden sich freuen!« Ich bezweifle das stark. Es sind ja schon etliche Kollegen freudig-erregt aufs Altenteil gegangen und haben all ihr Gerümpel im Lehrerzimmer deponiert. Dabei biegen sich die Tische dort ohnehin vor Prospekten, Schulheften und Dienstschreiben. Der erste urkundlich erwähnte Messie muss ein Lehrer gewesen sein. Alles wird für den Einsatz im Unterricht aufgehoben: Zeitungsartikel, Karikaturen, Poster und Tabellen. Wenn man sie aber braucht, findet man sie im Sammlerhaushalt sowieso nicht wieder.

Die jungen Kollegen brauchen keine abgewetzten Aktenordner und zerknickten Prospekthüllen. Und schon gar keine selbstgebastelten Druckvorlagen, auch wenn sie noch so geistreich und kreativ sind. »Was, ihr habt eure Stunden früher mit Schere und Klebstoff vorbereitet?« Einer der jungen Hüpfer ist befremdet. »Was ist das denn?«, fragt eine Minus-30-Lehrerin und hält eine Wachsmatrize hoch. Wir älteren Kollegen erklären, wie man früher Arbeitsblätter vervielfältigt hat. Die junge Frau lacht. Sie arbeitet nur mit dem Whiteboard und hat ihr Lebtag noch nie was mit Kreide an eine Tafel geschrieben. »Was sollen wir denn mit den vielen Videokassetten? Wir haben doch den Rekorder längst aussortiert«, flüstert eine andere Kollegin unter 30. Mein Mann hat sich diese Video-Sammlung hart erarbeitet. So schöne Theateraufführungen aus den 50er-Jahren, klassische Spielfilme und Dokumentationen. Und nun will die niemand sehen? »Wie, ihr kennt Gustaf Gründgens nicht?«, fragt mein Mann im Lehrerzimmer und streichelt die Kassette mit dem *Faust*. Wie soll da Schule funktionieren?

Ich kann meinen Mann trotzdem dazu motivieren, ein paar Schulbücher in die Anstalt zu bringen, die er garantiert nicht mehr braucht. Wenig später suche ich einen Paragrafen im Schulrecht (wie lange darf man als Lehrerin Klausuren unkorrigiert unterm Bett lagern?). Mein Mann kann seine Schadenfreude nur schwer verbergen: »Oh, den Ordner habe ich schon meiner Nachfolgerin übergeben. – Das kommt davon, wenn man immer alles ganz schnell loswerden will! Wie weit bist du eigentlich mit deinen Kisten?« Da berührt er einen wunden Punkt. Es ist sehr viel einfacher, fremden Kram auszusortieren, als den eigenen. Jeder Abschied ist schmerzlich. Soll ich wirklich die Tagebücher und Liebesbriefe aus meiner Pubertät entsorgen? Nein! In einer Kiste finde ich Styropor und Pappumschläge. Sicher muss ich in drei Jahren mal wieder ein Paket packen. Die Kiste bleibt im Keller!

Bei meinen wöchentlichen Bücherkäufen entdecke ich den Ratgeber *Aufräumen mit Feng-Shui*. Belustigt nehme ich ihn mit, werde aber beim Lesen immer faszinierter. Radikales Entrümpeln befreit nämlich nicht nur von materiellem Ballast, sondern auch von psychischem. Danach wird der Weg frei für ein ganz neues Leben. Manche Menschen wechseln nach dieser Entlastung ihr Hobby, ihren Beruf oder ihren Psychiater. Andere bauen lieber einen Wintergarten an oder ein drittes Stockwerk obendrauf, damit sie sich von ihrem Besitz nicht trennen müssen. Ich erkläre meinem Mann das Grundprinzip dieses Buches. Man nimmt jeden Gegenstand in die Hand, dreht und wendet ihn achtsam und hört dabei in sich hinein: »Brauche ich das? Liebe ich es?« Wenn beides nicht zutrifft, weg damit! Seit zwei Abenden sitzt mein Mann am Schreibtisch und spricht mit seinem alten Teddybären.

Ich lese in der Zeit ein weiteres Ratgeberbuch. Darin ist die Rede von freien Menschen, die sich immer nur mit 10 bis 20 Gegenständen umgeben. Jederzeit können sie die in einem Rucksack unterbringen und weiterziehen. Besitz bindet und fesselt nur. Oje, das ist nichts für mich. Ich kann mich ja schon beim Verreisen nicht entscheiden, was wirklich wichtig ist und in den Koffer muss. Deswegen fahren wir auch meist mit dem Auto. Da kann ich zwei Koffer und vier Taschen mitnehmen.

Vor den Sommerferien gibt es in der Schule immer einen Putztag. Da werden (von den Schülern!) Graffitis von den Tischen geschrubbt und alte Kaugummis unter den Stühlen entfernt. Ich inspiziere die Wandschränke und stelle mal wieder fest, dass die alten Sportschuhe, klebrigen Frühstücksdosen und Salatschüsseln, die zerknüllten Handtücher und T-Shirts niemandem aus der Klasse gehören. Ich räume noch eine Abholfrist von einem Tag ein, dann wandert das herrenlose Zeug in die große Mülltonne. Anja aus der Nachbarklasse erscheint kurz danach und behauptet wütend, ich hätte ihre funkelnagelneuen Sportschuhe entsorgt. »Nix da«, sage ich, »die waren alle alt und stinkig. – Außerdem: Was suchen deine Schuhe in meinem Klassenschrank?« Anja bringt mir eine Quittung und einen bösen Brief ihrer Mutter mit. Ich muss die verranzten Turnschuhe tatsächlich ersetzen, wenn ich keinen Ärger will. Die Frau ist Rechtsanwältin und droht mir gleich mit drei Paragrafen. Irgendwas mit Fürsorgepflicht und Sachbeschädigung. Meine Haftpflichtversicherung mault. Ich hätte sie erst fragen müssen.

Am letzten Schultag vor den Sommerferien steige ich auf einen Stuhl und inspiziere sicherheitshalber die Oberschränke. Denn einmal haben wir in den Schließfächern der lieben Kleinen einen toten Hamster gefunden … Dort oben hat Till die schuleigene Klarinette zwischengelagert, damit er daheim nicht üben muss. Außerdem finde ich vier Kartons und einen alten Teddybären, der mir bekannt vorkommt. Hat doch tatsächlich mein Mann hier seine Schätze versteckt, damit ich mich nicht an ihnen vergreifen kann!

# 17

## *Hier wächst eh nichts*

»Ihr Lehrer redet immer nur von Schule!«, haben sich früher schulferne Bekannte beschwert. Jetzt höre ich: »Du hast ja nur noch ein Thema: der Garten, das Rotkehlchen, der Fuchs!« Das stimmt so natürlich nicht. Ich kann immer noch stundenlang über Schule reden …

Ich wandere mal wieder durchs Viertel und versuche, meinen Neid unter Kontrolle zu halten. In einem Garten hat sich der Rasen in eine lila Krokuswiese verwandelt. In einem anderen hängt der Winterjasmin als riesige gelbe Wolke über den Zaun. Um die Ecke herum haben sich die blauen Scilla so ausgebreitet, dass sie auch gegenüber am Straßenrand und im nächsten Park wachsen. Im vierten Garten stehen dicht gedrängt wilde Primeln, so viele, dass die Besitzerin gerade ein paar Büschel auf den Kompost werfen will. »Och, kann ich die mitnehmen?« Ich stehe bettelnd am Zaun und bekomme freundlicherweise die rausgerupften Primeln. Ob die bereit sind, sich bei mir anzusiedeln?

Hundert Kilometer von Berlin wimmelt der Wald von Anemonen, Leberblümchen und Schneeglöckchen. Und bei mir im Garten zicken die zehn Schneeglöckchen, die ich teuer gekauft habe, und denken im Traum nicht daran, sich zu vermehren. Zu allem Überfluss hat irgendein Tier im Vorgarten kleine Löcher gegraben und die zehn Blumenzwiebeln hübsch daneben drapiert. Ich versenke sie wieder und trete die Erde richtig fest.

Die Schlüsselblumen kommen auch mit Mühe genau in der Zahl wieder ans Tageslicht, in der ich sie eingepflanzt habe. Im Naturversand erwerbe ich auf Anraten kundiger Gärtnerinnen botanische Tulpen. Die machen nicht so viel her wie die Zuchttulpen, dafür breiten sie sich mit jedem Jahr weiter aus. Auch so ein Ammenmärchen. Ich weiß genau, dass ich von jeder Sorte zehn Blumenzwiebeln versteckt habe. Die meisten bleiben in ihrem Versteck. Und die, die rauskommen, werden von Frühling zu Frühling winziger und hinfälliger.

Während bei mir ein kleiner japanischer Kirschbaum zögerlich vor sich hin blüht und genauso zögerlich wächst, stehen am Ende der Straße gleich sechs solcher Zierbäume in einer Pracht, dass Passanten stehen bleiben und Selfies machen: »Ich im rosa Blütentraum.«

Im nächsten Garten blühen riesige Magnolien, sodass man die Hausfront nicht mehr sieht. Ich hingegen habe schon so manches teure Buschwerk zu Grabe getragen. Es wollte einfach nicht wachsen, geschweige denn blühen. »Mit Thuja können Sie nichts falsch machen«, behauptet die Gärtnerin, der ich mein Leid klage. »Das wächst rasant, ist preiswert und anspruchslos.« Ich habe aber schon drei solcher Büsche, die bislang keine blickdichte Hecke bilden. Trotzig stehen sie im Grenzbereich zu den Nachbarn und rühren sich keinen Zentimeter. Nachdenklich betrachte ich die Werbebroschüre vom Discounter: unverwüstliche Plastikhecken, leicht zu montieren. Zehn Meter für 79 Euro.

»Ich habe einfach keinen grünen Daumen«, sage ich traurig, »meiner ist aus Holz!«

»Du musst mehr Geduld haben«, tröstet mich Ökofreundin Sabine. Ihr Gartenparadies hatte schließlich 20 Jahre lang Zeit zum Wachsen. Dort ist schon manche störrische Pflanze umgesiedelt worden, weil es ihr in der einen Ecke nicht gefiel. Jetzt blüht sie verschwenderisch zehn Meter weiter. Etliche Beete hat Sabine des Gierschs wegen völlig neu angelegt, nachdem sie vorher jede Blumenzwiebel, jede Knolle, jeden Staudenstrunk sorgfältig ausgegraben hat. Die vielen Ableger, die ich am Anfang meiner gärtnerischen Laufbahn von Sabine bekommen habe, sind in meiner Plantage jedes Jahr ein Stückchen kleiner geworden und schließlich ganz verschwunden. Nur ein paar weiße Veilchen haben sich ausgebreitet.

»Du hast ja auch richtig fetten Lehmboden«, stelle ich fest, als ich bei Sabine probeweise einen Finger in die Erde stecke, »da wächst und blüht natürlich viel mehr als bei mir!«

»In Brandenburg? Der märkischen Streusandbüchse?« Sabine tippt sich leicht an die Stirn. »Das ist alles mühsam aufgebauter Humus, Schicht für Schicht, Jahr für Jahr. Du solltest es auch mal mit Kompost probieren.«

Ich mag aber immer noch keinen Biomüll sammeln und sieben. Kartoffelschalen und Kaffeefilter wandern in die Tonne, nicht ins Beet. Zur Strafe siedeln sich auch keine Regenwürmer in meinem Garten an. Ich überlege, ob ich im Naturversand mal einen Posten bestellen soll. Die gibt es in großer und kleiner Ausführung. Aber bevor die Regenwürmer dazu kämen, sich in meinen kargen Boden zu wühlen, hätten sich garantiert hungrige Amselhorden über sie hergemacht.

Eine andere Freundin düngt gnadenlos mit Blaukorn. Sie weiß natürlich, dass Chemie politisch nicht korrekt ist. Aber sie hat es sich zur Lebensaufgabe gemacht, all die verdorrten Sonderangebote aus dem Blumendiscount und aus dem Baumarkt wieder aufzupäppeln. Von Teebeuteln, Bananenschalen und müffelnden Hufspänen als Düngemittel hält sie nichts. Ihr homöopathisches Rezept zur richtigen Blaukorn-Dosierung hält sie geheim. Es muss eine rasante Mischung sein, denn in ihrem Gartenanteil vom Berliner Mietshaus sprießt und sprosst es weitaus mehr als bei den Mitmietern. Die schicken aus Missgunst schon mal ihre Katze los, damit sie sich genüsslich in der Blaukorn-Idylle wälzt.

»Eine harte Hand züchtet dürre Pflanzen«, zitiert mein Mann grinsend ein armenisches Sprichwort. Ich kenne dieses Buch mit Garten-Aphorismen auch und erwidere: »Dumme rennen, Kluge warten, Weise gehen in den Garten!« Hoch erhobenen Hauptes verlasse ich das Haus und überprüfe das Wachstum der Thuja-Büsche. Vielleicht haben sie es sich inzwischen anders überlegt? Nein, sie haben sich keinen Millimeter bewegt. Einen Meter von mir entfernt steht die Nachbarin in irgendeiner einbeinigen Yogaposition und spricht dabei so laut in ihr Smartphone, dass der andere Teilnehmer sie vermutlich auch ohne dieses Hilfsmittel verstehen würde. Ich ziehe mich ins Haus zurück und lese meinem Mann eine chinesische Weisheit aus dem Gartenbuch vor:

»Wer einen Tag lang glücklich sein will, der betrinke sich. Wer einen Monat lang glücklich sein will, der schlachte ein Schwein. Wer ein Jahr lang glücklich sein will, der heirate. Wer aber ein Leben lang glücklich sein will, der werde Gärtner!« Mein Mann entgegnet ungerührt: »Zum Gärtnern braucht man einen gusseisernen Rücken mit einem Scharnier!« Die Anschaffung dieses Aphorismen-Buchs hat sich für uns zwei Deutschlehrer wirklich gelohnt.

Um die Ecke ist eine Gärtnereibesitzerin eingezogen. Wie sie es geschafft hat, der älteren Frau das verfallende Hexenhaus abzuluchsen, ist unklar. Seit einiger Zeit laufen einem die Interessenten fast die Tür ein. Die Wohnlage ist begehrt wie nie zuvor. Diverse Schulen, um die Ecke der Wald, zwei Badeseen, der U-Bahnhof. In 13 Minuten ist man im größten Kaufhaus Berlins und kann zusammen mit vielen Russen exquisit shoppen. Wir finden im Briefkasten jetzt ständig verlockende Angebote von Maklern, die gern zum Ausmessen vorbeikämen. Sie stellen uns hohe Summen in Aussicht, wenn wir wieder ausziehen. Junge Familien schreiben Gedichte und rührende Bewerbungen, um hier ansässig zu werden. Die hängen rundum an den Bäumen oder landen auf Büttenpapier bei uns im Briefkasten: »Der kleine Finn-Lukas möchte so gern im eigenen Garten spielen! Seine Eltern Jessica (25, Eurhythmie-Lehrerin) und Bernd (31, Zahntechniker) suchen deshalb hier ein schönes Zuhause.« Verfasst ist das Ganze im Namen des Dackels Felix, der ein Foto der fröhlichen Familie mit einreicht. Der Dackel verspricht uns auch eine Provision von 1000 Euro brutto, wenn wir ihnen ein Haus vermitteln.

Bisweilen klingeln sogar Leute an unserer Tür und bitten um Hinweise, wo eventuell ein Haus leer steht oder die Bewohner so betagt sind, dass sie vielleicht bald … (unterdrücktes Hüsteln) … na ja, ausziehen. Die Interessenten schnüren durchs Viertel, observieren die Häuser, die schon lange niemand mehr repariert oder gestrichen hat. Wo die Fensterrahmen und Zäune morsch sind und das Gartenmobiliar aus den 50er-Jahren stammt. Anscheinend studieren manche Leute auch die Todesanzeigen. Manchmal steht bei den Verblichenen ja die Adresse dabei und man erfährt dadurch, wo ein Haus oder eine Wohnung frei geworden ist.

Die Gärtnereibesitzerin hat das alte Hexenhaus aufwendig umbauen lassen. Jeden Zentimeter, den das Bauamt als Erweiterung erlaubt, hat sie genutzt. Vom monatelangen Baulärm, vom Kreischen der Sägen, vom Hämmern und Klopfen hat sie in ihrer Stadtwohnung leider gar nichts mitbekommen. Dafür fluchen wir Nachbarn leise, wenn es auch sonnabends dröhnt und poltert. Mein Mann steht immer wieder am Zaun der Baustelle und bewundert den neuen Wintergarten. Neben Fußball ist das sein Lieblingsthema. Ich hoffe, das mit dem Wintergarten noch ein paar Jahre aussitzen zu können.

Auch den Garten gestaltet die neue Besitzerin von Grund auf neu. Kleine Traktoren machen alles platt und eben. Innerhalb kürzester Zeit wächst üppiger Rollrasen, schießen

Bambus und Haselnusshecken in die Höhe. Damit hat sich die neue Besitzerin natürlich nicht selbst abgeplagt, sondern ihr Personal aufmarschieren lassen. Im nächsten Sommer wird kein einziger Passant mehr irgendwas vom Treiben der Bewohner sehen können. Beneidenswert. Ich führe derzeit noch intensive Verhandlungen mit meinem Mann darüber, ob wir in der einen kahlen Gartenecke nicht hohe Holzwände einbauen sollten. Die gibt es als praktische Einzelsegmente im Baumarkt. Damit könnte man sich den Blick in die rechts angrenzenden Gärten ersparen. Der Schuppen nebenan ist jetzt »fuchsdicht« verrammelt, aber dieser Baumaßnahme sind alle Büsche und Bäume ringsum zum Opfer gefallen. Der Anblick von geflickter Schuppenrückseite und Sperrmüll erfreut mein Auge nicht. Die hängenden Gärten vorher waren weitaus schöner. Ich hätte weinen können, als zwei Männer mit Sägen ins Unterholz stiefelten und alles abholzten. Immerhin haben sie ihr Unwesen im Herbst getrieben, als im Dickicht kein Zaunkönig mehr brütete.

Mein Mann liebt ja eigentlich »nützliche« Dinge wie Beton, Asphalt und Pflastersteine. Aber in diesem Fall möchte er unbedingt Natur: Bambus und Kletterpflanzen. Auf keinen Fall einen Holzzaun. Vermutlich möchte er einfach nur widersprechen. Da wir mit unserer Diskussion nicht weiterkommen, muss ich wohl einen weiteren Winter lang den Blick auf Baumstümpfe und Gerümpel ertragen. In der Grundschule gegenüber gibt es offenbar einen Häkelkurs. Die bunten Produkte werden wie Strümpfe um Bäume und Pfosten gewunden. Vielleicht sollte ich einen bunten Schuppenschoner in Auftrag geben. Ich bin ganz sicher, dass es dafür im Internet Anleitungen gibt. Schließlich habe ich in einem Garten-Blog auch Häkeltaschen für einzelne Äpfel entdeckt!

Mein Mann hat seine Literaturgruppe zu Besuch. Acht Menschen sitzen auf unserer Terrasse und streiten sich über die Botschaft in Houellebecqs *Unterwerfung*. Eine Frau besieht sich abschätzig die Beete: »Ist das eigentlich irgendwie kultiviert?« Wenn mein Mann sich näher für meine gärtnerischen Bemühungen interessieren würde, könnte er jetzt antworten: »Oh ja, selbstverständlich. Sieht man das nicht? Hier wird regelmäßig die Erde ausgetauscht und mit Bio-Hufspänen versetzt. Aus diesen Trieben wächst herrlicher Goldfelberich, aus jenen Ansätzen werden blaue Ballonblumen. Hier drüben haben Unmengen von Platterbsen geblüht. Die vielen Halme sind Reste von Krokussen, Märzenbechern und Narzissen. Und dieser kahle Busch ist eigentlich ein stattlicher Hibiskus!« Die Frau würde beeindruckt schweigen.

Aber da mein Mann sich nicht so richtig für Blumen und meine Mühen im Beet interessiert, antwortet er lakonisch: »Keine Ahnung!« Ich glaube, ich höre nicht recht! Vielleicht sollte ich ihn paritätisch an der Gartenarbeit beteiligen. Aber seine Schwester warnt mich. Schon als kleiner Junge habe mein Mann die Mohrrüben als Unkraut rausgerissen. Damit ersparte er sich raffiniert alle weiteren Aktivitäten in Mutters Nutzgarten. Diese Müttergeneration hat noch den ganzen Sommer über eingekocht: Pfirsiche, Gurken, gelbe und grüne Bohnen, jede Menge Kompott und Marmelade. Als wir den Keller meiner Schwiegermutter ausräumen müssen, finden sich dort Bataillone von Einmachgläsern. In dreien ist sogar noch Pflaumenkompott aus den 50er-Jahren. Ich nehme mir zehn leere Gläser mit, glaube aber nicht, dass ich sie mit Apfelkompott füllen werde. Unser junger Apfelbaum liegt im Kampf mit Flieder und Birke und hat keinen Nerv für die Obstproduktion.

Manchmal finde ich beim Aufräumen Quittungen aus der Gärtnerei, leere Samentüten und »Pflanzprotokolle«. Es ist erstaunlich, was hier schon alles eingegangen ist. Nur Fotos aus den vergangenen Jahren bezeugen, dass in meinem Garten auch mal Lavendel und blauer Enzian gestanden haben. Die Zuchttulpen aus dem ersten Frühling schicken nur noch einzelne Blätter nach oben. Sozusagen als Kundschafter, ob es sich lohnt rauszukommen.

»Warum musst du unbedingt etwas pflanzen, was ohne dein Zutun hier gar nicht wächst? Lass doch einfach die Sachen stehen, die von ganz allein kommen.« Mein Mann mal wieder! »Gute Ratschläge sollte man weitergeben. Es ist das Einzige, was man damit anfangen kann!«, knurre ich. Ich kenne viele Aphorismen!

Der Ästhet von nebenan kritisiert mein Engagement: »Was soll das? Alles nur wilde Aktionen: hier ein Blümchen, dort ein Blümchen. Sie müssen einmal ordentlich umgraben und systematisch Sträucher und Büsche pflanzen!« – »Borgen Sie mir Ihren Gärtner mal aus?« Aber davon will der Ästhet nichts wissen. Im Grunde möchte ich gar keine Parklandschaft mit englischem Rasen. Mit ineinander verknoteten Büschen und Buchsbäumen, die in Enten- und Schafform verschnitten sind. Ich will auch keinen durchgestylten Garten, in dem alles säuberlich nach Farbtönen oder Wuchshöhe sortiert ist. Eigentlich gefällt mir unser Wildgarten ganz gut, besonders im Mai, wenn alles dschungelmäßig zugewachsen ist. Dann dürfen sogar so seltsame Gakel stehen bleiben, die weder blühen noch Früchte tragen. »Das ist Unkraut, das kann weg!«, behauptet eine Besucherin. Aber warum? Dieser Gakel ist schon so schön hoch, dass er der neugierigen Nachbarin im Sommer die Sicht nimmt. Der Gakel bleibt!

Meine Schwester meint: »Du interessierst dich doch eigentlich nur für das Viehzeug im Garten. Kein Wunder, wenn es mit den Blumen nicht so klappt.« Das stimmt, für Vogelfutter gebe ich noch viel mehr Geld aus als für Spezialerde und Blumenzwiebeln. Wenn der Postbote die nächsten 20 Kilo »Rotkehlchen-Delikatessen« anschleppt, verstecke ich die Säcke immer gleich im Keller, damit mein Mann sie nicht sieht.

Obwohl ich die Fauna im Garten faszinierender als die Flora finde, freue ich mich in jeder Saison, dass Ameisen und Vögel die Samen weitertragen. Glockenblumen und Vergissmeinnicht wachsen an Stellen, an denen ich sie mit Sicherheit nicht gepflanzt habe, etwa zwischen den Gehwegplatten oder an den Terrassenstufen. Ich liebe auch Akelei. In der Gärtnerei kaufe ich vier Töpfe, und ein Kunde in der Warteschlange fragt: »Warum geben Sie denn Geld für Unkraut aus?« Seither gehe ich mit einem Puderpinsel durch den Garten und befruchte meine Akeleien in liebevoller Handarbeit. Ich freue mich über die Maiglöckchen, die von Jahr zu Jahr mehr werden. Selbst dieser stinkende Berliner Lauch darf leben, solange er in seiner Ecke bleibt! Man kann ihn sowieso nicht ausrotten. Er bildet so viele winzige Zwiebeln, dass man beim Ausgraben höchstens die Hälfte erwischt. Die andere Hälfte erobert still und leise weiteres Terrain.

Besonders gut wachsen Minze und Oregano. Ich weiß gar nicht mehr, wer mir diese Kräuter als »Bodendecker« geschenkt hat. Mein Mann weigert sich, täglich frischen Pfefferminztee zu trinken: »Bin ich hier in der Jugendherberge??« Die Pilze, die im Herbst auf unserem Waldboden wachsen, interessieren ihn mehr. Allerdings sind nur drei essbare dabei. Ordinäre Ziegenlippen. Die kann man sich höchstens als Aroma ins Rührei streuen. Mit einer Handvoll Oregano.

Besuchern präsentiere ich stolz die Rhododendren. An denen sieht man meine pflegende Hand ganz deutlich. Keine rot gefleckten kranken Blätter mehr, keine Fraßlöcher, dafür schöne Blüten und freudiges Wachstum. Bis auf den Ast, den mein Mann beim Einfädeln seines BMW in die Garage jedes Mal touchiert. Der wächst jetzt verkehrt herum nach unten. Der Ast. Mein Mann äußert ab und zu zaghaft den Wunsch, ich möge den Bewegungsmelder am Haus freischneiden, aber an meinen Rhododendron kommt keine Heckenschere!

Ich habe mich nun auch mit den Hortensien angefreundet, zumindest mit den vieren, die ich beim Einzug nicht ausgerottet habe. Auf saurem Boden (danke, liebe Kiefern!) wachsen nun mal Hortensien, Kirschlorbeer und Rhododendron besonders gern. Und die meisten anderen Pflanzen eben nicht. Die wollen Lehm, Sumpf und satten Humus. Erstaunlich genug, dass fünf Rosenstöcke im sauren, staubigen Boden unverdrossen gedeihen. Vermutlich haben sie ihre Wurzeln drei Meter tief zum Grundwasser geschickt.

»Allen sonstigen Meinungen zum Trotz entsteht ein Gärtner weder aus Samen noch aus Schößlingen, Zwiebeln, Knollen oder Ablegern, er wächst einzig und allein durch die Erfahrung, durch die Umgebung und durch Naturbedingungen.« Das schreibt einer meiner Lieblingsautoren, Karel Čapek. Ich würde nicht so weit gehen, mich als »Gärtnerin« zu bezeichnen, aber ich habe doch mit den Jahren einiges gelernt. So hat mir beispielsweise eine Fachkraft im Gartengeschäft erklärt: »Erde und Boden sind eigentlich nur dazu da, damit die Pflanzen nicht umfallen. Alles andere machen Dünger und wir Gärtner!«

Ich kenne jetzt Mönchsgrasmücken und Kernbeißer, Zehlendorfer Fledermäuse und Baumläufer. Baumläufer sind in dem Fall keine Waldarbeiter, sondern kleine Vögel mit krummem Schnabel! Ich kann Vögel am Gang erkennen. Natürlich auch am Gesang. Nur diesen einen, der Piepslaute von sich gibt wie unsere Telefontastatur, den habe ich noch nicht identifiziert. Ich kann Jungvögel zuordnen, obwohl sie alle gleich aussehen. Ich erkenne an einzelnen Trieben, welche Pflanze da hoffentlich aus dem Erdboden wächst. Ich streue keinen Dünger mehr direkt ins Pflanzloch. Ich lockere feste Wurzeln auf, bevor ich eine Staude einpflanze. Weil sie sonst im Boden verhungert. Deshalb haben sich nämlich auch Witwenblume und blauer Enzian wieder verabschiedet. Ich gieße nicht nur im Hochsommer, sondern auch schon im kühlen April, in der Wachstumsperiode, obwohl mein Mann über die Wasserverschwendung murrt. Ich habe meinen Wortschatz erweitert und kann fließend erklären, was »ausgeizen«, »Samen beizen« und »Erziehungsschnitt« ist.

Ich bin nicht mehr neidisch auf die grünen Paradiese meiner Nachbarn. Ich kenne mittlerweile ihr Geheimnis. Sie haben einen eigenen Gärtner, einen eigenen Brunnen und komplizierte Bewässerungsanlagen. Dafür braucht es pro Haushalt mindestens einen Ingenieur. Wenn man genauer hinsieht, stehen in ihren Gärten nicht wie bei uns Hunderte, sondern nur einzelne Kiefern rum, deren Nadeln und Zapfen kaum Einfluss auf die Bodenbeschaffenheit ausüben. Ich habe jetzt auch eine gute Ausrede, warum unter unseren vielen Kiefern manches nicht gedeiht. »Wurzeldruck!«, erkläre ich fachmännisch. Die Kiefern lassen anderen Büschen und Blumen keinen Raum. Dafür rennen an ihren Stämmen Baumläufer, Kleiber, Eichhörnchen und Spechte auf und ab. Denen könnte ich stundenlang zusehen. Ganz früh am Morgen, wenn außer mir niemand wach ist, sitze ich in Nachthemd und Anorak auf der Terrasse mit dem Gefühl, die Welt gehört mir allein. Der Drang nach Kneipen, Gartenrestaurants und Fanmeilen hat sich sehr reduziert. Dreimal am Tag gehe ich durch die Plantagen und kontrolliere Wachstum und Blütenstand. Dabei kann mich ein Gänseblümchen genauso entzücken wie eine Heckenrose.

Ich habe mich mit dem Garten geeinigt. Er kann machen, was er will, solange der Efeu nicht übertreibt. Der Expansionswille dieser Kriechpflanze ist enorm. Sie hat bereits den Bürgersteig erreicht und begrünt auch die Nachbargärten. Zum Glück gefällt das zumindest einer Nachbarin. Sie verziert mit meinen Efeuranken ihren maroden Zaun. So fällt es nicht auf, dass er beim nächsten Windstoß zusammenbrechen wird. Einmal im Jahr kommt ein Baumkletterer und kappt den Efeu unter unserem Hausdach und vor allem unter den Kiefernwipfeln. Wenn der Efeu den Stamm zu hoch hinaufklettert, erstickt er den Baum.

Gerade erscheint ein junger Fuchs hinten am Schuppen und schaut neugierig herüber. Wo ist mein Fotoapparat, verdammt noch mal?

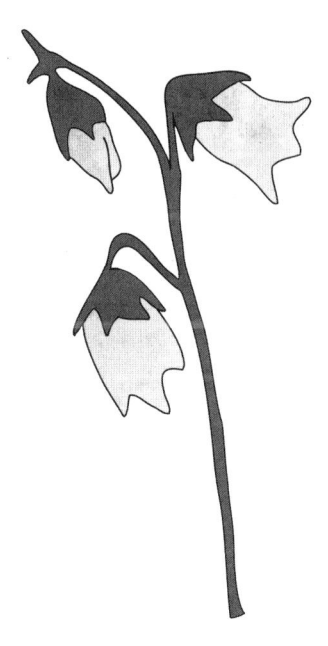

# 18

## *Zu Hause ist es am schönsten!*

»Es gibt ja viele Varianten, sich selbst zu quälen«, spottet der Ästhet von nebenan. Wir tragen gerade Koffer, Taschen und Tüten zum Auto. »Verreisen ist eine davon!«, fährt der Ästhet fort. »Und gerade jetzt in den Sommerferien? Es wird in unserer Straße idyllisch ruhig sein, kein einziges Kind krakeelt auf dem Schulhof gegenüber!«

»Tja«, meint mein Mann, der gerade das Gummiboot anschleppt, »Lehrer können nun mal nur in den Schulferien verreisen.«

»Ach ja, die Armen. So wenig Ferien und dann noch überall umgeben von kreischenden Schulkindern und deren Eltern! – Wohin fahren Sie denn? Südschweden? Glückwunsch, sehr familienfreundliche Gegend! Und für zwei Wochen packen Sie Ihren halben Haushalt ein? Denken Sie lieber an Ihre Alkoholbevorratung. Der Sprit da oben ist teuer. Haben Sie jemanden engagiert, der Ihren Rasen wässert? Ach nein, die Magerwiese muss man ja nicht gießen. Aber Ihre Rosen und die Hortensien? Wer kümmert sich um Ihr Rotkehlchen, die Post, die Zimmerpflanzen?«

»Wir tauschen mit einer Freundin. Sie hat bei Ystad ein kleines Ferienhaus und kommt morgen nach Berlin.«

Der Ästhet verkneift sich dazu ausnahmsweise eine Bemerkung, aber ich kann mir vorstellen, was er so ungefähr denkt: Aha, Schwedin. Trinkt gern einen über den Durst. Jeden Tag Party auf der Terrasse: wüste Trinkspiele, Bierflaschenweitwurf und nackt im Garten rumrennen.

»Reisen bildet und formt den Charakter! Wer nicht reist, erlebt nichts!«, lenke ich ihn ab und stopfe ein Paar Gummistiefel in den Kofferraum.

Der Ästhet lacht: »Was wollen Sie denn auf Reisen erleben? Dass Ihnen jemand am Flughafen seinen Koffer in die Kniekehlen schiebt, damit es schneller geht? Dass Sie zehn Stunden in Budapest auf Ihren Anschlussflug nach Dubai warten müssen? Oder in engen Sitzreihen auf andere Kontinente fliegen, möglichst zwischen zwei übergewichtigen Nachbarn? In Stützstrümpfen, damit Sie bei dem langen Sitzen keine Thrombose bekommen? Und dann dieses leckere Essen im Flugzeug! Gemüsematsch mit zähem Fleisch und Tomatensaft. Wenn Sie Glück haben, landet Ihr Koffer gleichzeitig mit Ihnen am Zielort und nicht in Irkutsk oder Madrid.«

»Na gut, ich fliege auch nicht gern zwölf Stunden am Stück. Insofern werde ich wohl kaum nach Thailand oder Australien kommen. Es sei denn, jemand spendiert mir ein Ticket für die Erste Klasse. Aber es gibt ja genug Alternativen zum Fliegen«, erkläre ich dem Ästheten.

Der lässt sich nicht beeindrucken: »Ach ja? Haben Sie schon mal bei 35 Grad im Intercity geschmort, weil in Kassel ein Umspannwerk ausgefallen ist? Oder möchten Sie eher eine schöne Radtour durch Ostfriesland unternehmen – bei strömendem Regen? Es soll auch ganz reizende Wanderungen durch die Einöde geben, zusammen mit einem Esel oder einer Ziege.« Der Ästhet schüttelt sich bei dem Gedanken. »Vielleicht möchten Sie ja auch mit diesem rollenden Hotel fahren, wo die Leute in einem dreistöckigen Sardinenschlafanhänger für wenig Geld um die ganze Welt kommen.«

»Nein, darauf habe ich auch keine Lust«, gebe ich zu. »Deswegen fahren wir mit dem Auto, das ist am bequemsten!«

»Das denken Sie, dass Sie *fahren*. Viel Spaß im Stau. Schon zehn Kilometer hinter Berlin werden Sie an mich denken! Ich sitze dann gemütlich in meinem Garten und trinke Sekt!«

Der Ästhet hat leider recht. Bis zur Fähre nach Schweden nehmen wir aktiv an drei Staus teil. Unser Schiff ist schon unterwegs nach Ystad, als wir endlich in den Hafen rollen. Wir bekommen einen Platz für den nächsten Morgen um 6.30 Uhr und übernachten in einem anheimelnden Trucker-Motel gleich am Pier.

In Schweden begrüßt uns heftiger Landregen. Hoffentlich regnet es in Berlin auch, der Garten braucht Wasser! Wir irren eine Weile in einer Feriensiedlung herum, bis wir das Haus endlich gefunden haben. »Mein kleines Paradies« steht über dem Eingang. Die drei Zimmer sind voller Bücher, Aroma-Lampen und Kerzen. Meine Freundin Karen sammelt, wie es scheint, Frösche. Die sitzen in allen Größen und aus allen möglichen Materialien auf den Regalen und Schränken und glotzen mich zweifelnd bis schadenfroh an. Sogar die Küchenuhr und die Becher sind stilisierte Frösche. Ich stecke meine Zahnbürste in ein Froschmaul und bin erleichtert, dass Waschmaschine und Badewanne ganz normal aussehen. Ich habe eine Marktlücke entdeckt: Toiletten und Waschbecken in Froschform. Ich räume erst mal ein paar Stellflächen für unseren Kram frei. Hoffentlich weiß ich bei der Abreise noch, wo alles seinen Platz hat.

Nach drei Tagen ausdauerndem Regen arbeitet sich die Sonne bis auf 35 Grad hoch. Meine Freundin Karen ruft aus Berlin an und fragt, wo die dünneren Bettdecken sind. Man könne es bei der Hitze eigentlich nur in unserem Keller aushalten. »Ja, ich denke daran, den Vögeln täglich frisches Wasser hinzustellen, keine Sorge«, sagt sie. »Du hast da eine komische Amsel, die will mit ins Haus. Und ab und zu kommt eine wunderschöne Katze vorbei.«

Karen mag Katzen. Es fällt ihr schwer, auf die Freundschaft mit Kali, der Nachbarskatze, zu verzichten. Aber ich habe sie eindringlich darum gebeten, Kali nicht in unseren Garten zu locken, zu füttern oder gar mit ihr zu kuscheln. Mir liegen derzeit die jungen Amseln und Meisen mehr am Herzen. Ich erkläre Karen am Telefon, dass sie auf keinen Fall hektisch reagieren dürfe, wenn ein Vogel im Haus landet. Es gibt ja Menschen, die hysterisch rumfuchteln, wenn in ihrer Nähe etwas flattert. Karen solle alle Fenster öffnen und den verirrten Vogel ruhig »hinausgeleiten«. Ich weiß, dass sie jetzt am anderen Ende vom Telefon grinst.

Wenn ausgiebigem Regen sengende Sonne folgt, müssten die Pilze jetzt nur so sprießen. Karen hat von reichen Ernten in den schwedischen Wäldern erzählt. Natürlich habe ich ein Pilzmesser und ein Spankörbchen dabei. Und auch ein Messer für den Gatten, der noch nie Pilze gesucht hat. Vermutlich finden wir hier so viele Steinpilze, dass ich einen großen Teil trocknen und mit nach Berlin nehmen kann. Getrocknet und auf Fäden gezogen, sind sie ein tolles Geschenk für Feinschmecker.

Wir fahren verschiedene Waldgebiete an. Vielversprechend sind die, wo am Rand schon diverse Autos stehen, obwohl weit und breit kein Rastplatz oder Restaurant zu sehen ist. Aber wir finden nichts. Nicht mal die Spuren anderer Sammler: zertretene Giftpilze, frische Schnittstellen, Zigarettenkippen, leere Flaschen. Ich rufe vorwurfsvoll Karen in Berlin an: »Hier gibt es überhaupt keine Pilze!«

Karen beschreibt mir den Weg in ihr schwedisches Pilzrevier. Es liegt gleich hinter dem Ort direkt an der Straße. Verschiedene Menschen durchstreifen das kleine Waldstück, den Blick starr nach unten gerichtet. Mein Mann schleppt mir anfangs jeden Pilz an, den er findet. Dabei habe ich ihm schon in Berlin anhand eindeutiger Abbildungen vermittelt, dass man manche Pilze nur ein einziges Mal essen kann. Trotz der großen Konkurrenz finden wir hin und wieder einen einsamen Pfifferling oder einen Steinpilz. Aber meist haben die Maden den Steinpilz schon vor uns entdeckt und von unten bis oben durchwandert. Ist leider nichts mit der großen Beute zum Trocknen.

Auch den geräucherten Saibling, von dem Karen so schwärmt, können wir nicht goutieren. Der kleine Fischstand am See hat meistens geschlossen, und das eine Mal, als er geöffnet hat, steht ein ausgesprochen mürrischer Schwede darin, der nichts versteht und auch mithilfe unseres Wörterbuchs keinen Saibling verkaufen will.

Dafür ist die Vitaminzufuhr gesichert: Rund um das Ferienhaus wachsen Himbeeren, die erfreulicherweise nur mich interessieren. Oder fressen Rehe auch Himbeeren? Manchmal steht morgens eins im Garten und mümmelt vor sich hin. Jeden Abend fliegen Hunderte von Wildgänsen übers Haus. Das entschädigt etwas dafür, dass ich die vielen Jungvögel in Berlin allein lassen musste.

Nach zwei Wochen sind wir zurück. Das Haus steht noch. Anzeichen wüster Partys finden wir nicht – oder Karen hat sie geschickt beseitigt. Der Weinvorrat im Keller ist gerade mal um zwei Flaschen reduziert. Ich trete auf die Terrasse und sofort sitzt ein junges Rotkehlchen neben mir und fixiert mich hungrig. Im Garten wuchert alles üppig und grün vor sich hin, auch diese seltsamen Pflanzen und Sträucher, deren Namen niemand kennt und die eigentlich kein Gärtner um sich haben will. Anscheinend hat es in den letzten Tagen schwer gestürmt. Der Garten ist übersät von Kiefernzapfen. Da müssen auf einem Quadratmeter an die 100 Stück liegen. Man kann auf keinen Fall barfuß im Garten rumlaufen, es sei denn, man steht auf brutale Fußreflexzonenmassage. Ich glaube, wir können diesen Winter unseren Vertrag mit dem Gasversorger kündigen und auf Kienäppel-Heizung umstellen.

Der Ästhet winkt über den Zaun. Er trägt Badelatschen und einen seidenen Morgenrock. Meine Freundin Karen scheint ihm gefallen zu haben. Er schwärmt von ihren Kochkünsten: »Wann kommt Ihre Freundin denn mal wieder nach Berlin?« Meine Urlaubsfotos imponieren ihm nicht sehr, nicht mal der prachtvolle Steinpilz im Sonnenlicht. »Und dafür sind Sie so weit gefahren? Wald, Wasser und Fahrradwege gibt es in Berlin auch. Ist Ihnen entgangen, dass der nächste Badesee hier zu Fuß zu erreichen ist?«

»Natürlich weiß ich, wo hier der nächste See ist«, entgegne ich, »aber da kann man ja nicht mehr hingehen. Höchstens ganz früh am Morgen, da schwimmen nur vereinzelt Rentner im Wasser, aber dafür jede Menge leere Wein- und Schnapsflaschen. Am Ufer wimmelt es von Grillabfällen und Mülltüten. Dabei stehen überall Papierkörbe. Tagsüber tobt das Leben am See. Der war mal so schön einsam. Jetzt machen junge Leute Wettrennen am Ufer. Sie müssen eine Bierkiste um den See tragen. Das wird einfacher, wenn die Kiste unterwegs ausgetrunken wird. Die Staffelläufer stehen dann alle paar Meter im Gebüsch, um das Bier wieder loszuwerden. Und treffen dort auf Massen von Berliner Hunden, die auch mal müssen oder baden wollen. Möglichst zwischen zehn kreischenden Kleinkindern. Nee, da ist ein einsamer schwedischer See viel, viel schöner!«

Der Ästhet von nebenan geht auf meine Einwände nicht weiter ein und fragt: »Haben Sie wenigstens diese schwedische Spezialität probiert?«

»Was meinen Sie? Lachs? Smörrebröd?«

»Ach was, in Schweden und im Baltikum essen sie noch Krähen!«

Ich muss zugeben, dass im Reiseführer für Südschweden ein Restaurant aufgeführt ist, das Krähen serviert. Aber wir sind bei der Nahrungsaufnahme eher konservativ und nicht besonders neugierig auf gepökelte isländische Schafsköpfe oder deftiges ungarisches Pferdegulasch, ganz zu schweigen von anderen Delikatessen. Im Internet kann man sich »Die zehn ekligsten Spezialitäten der Welt« ansehen.

»Reisen zerstört Kulturen und schadet der Umwelt«, erklärt der Ästhet. »Wer weiß, wo Sie in Schweden überall Ihren ökologischen Fußabdruck hinterlassen haben.« Er schaut sinnend in sein Sektglas: »Reisen löst persönliche Krisen aus. So manche Beziehung ist im Urlaub in die Brüche gegangen!« Er sieht mich prüfend an, und ich denke: Na, dazu muss man nun wirklich nicht verreisen. Auch Gartenarbeit stellt Beziehungen auf eine empfindliche Probe …

Der Ästhet verreist nur noch im Notfall. Wenn der Arzt ihm eine Kur aufzwingt oder ein Familienfest ihn dazu nötigt. Ansonsten genügt es ihm, neben dem Oleander auf der Veranda zu sitzen und in seine Lenné'sche Parkanlage zu schauen. Es reizt ihn überhaupt nicht, auf einer griechischen Insel Aquarelle zu malen oder Aschenbecher zu töpfern. Er will in keinem brasilianischen Hotel Samba lernen und in Mexiko keine schwere Diarrhö auskurieren. Er will keine Reisevorbereitungen in Form von Malaria-Prävention oder Gelbfieberimpfung betreiben. Auf Kreuzfahrtschiffe mit 5000 fröhlichen Touristen bringen ihn keine zehn Pferde. Apropos Pferde: Reiturlaub in Masuren oder Marokko kommt für ihn schon gar nicht infrage.

Zum Glück hat auch mein Mann vor ein paar Jahren seine Vorstellungen vom Traumurlaub revidiert. Er war früher leidenschaftlicher Pfadfinder und schwärmt heute noch vom Grubenausheben und Wacheschieben in einsamen Wäldern. Als Student hat er auf Kreta am Strand übernachtet, sich in

Springbrunnen gewaschen und in Hainen Obst geklaut, was bei den Einheimischen wahre Begeisterungsstürme auslöste. Er hat mit mehreren Tausend Mücken am Baikalsee biwakiert. Er ist durch Tansania und Algerien getrampt, Geld und Papiere mit Teppichklebeband am Brustbein gesichert. Er ist in den Alpen von Berghütte zu Berghütte gewandert, hat abends sein T-Shirt vor die Tür gestellt und sich eine Lagerstatt zwischen Schnarchern und alten Socken gesucht. Er ist mit Marschgepäck und Schülern im Schlepptau durch deutsche Flusstäler geradelt, selbst bei Hagel und Sturm. Manchmal träumt er davon, mit dem Motorrad einsame Höhenstraßen entlangzukurven, aber ich klemme nicht gern länger als eine Stunde auf dem Rücksitz seiner BMW. Einen großen Traum hat mein Mann noch: einen Campingbus. Ich habe keine große Sehnsucht, irgendwo auf einem Parkplatz zu stehen und den Klapptisch rauszuholen und nachts in eine enge Koje zu kriechen. Ich rechne meinem Mann vor, dass ein Campingbus in feudaler Ausführung mehr kostet als zehn Jahre Urlaub in guten Hotels.

Im nächsten Sommer beziehen wir ein Ferienhaus am Nord-Ostsee-Kanal. Dort kann man am Ufer wunderbar Rad fahren und dabei riesige Containerschiffe bewundern. Das Haus begeistert uns auf den ersten Blick: funkelnagelneu, hell, geschmackvoll eingerichtet, eine ganze Fensterfront zum Wasser, ringsum nur Wiesen und Natur. Kein Auto weit und breit. Das einzige Geräusch produziert ein einsamer Kuckuck. Aber das Allerschönste: In einer geschützten Ecke unterm Dach wohnen sechs junge Rauchschwalben!

Mein Fotoapparat und ich verbringen Stunden unter dem Nest. Die Mülltonne ist dabei eine hervorragende Deckung, wenn sie auch sehr streng riecht … Die Schwalbeneltern werfen mir hin und wieder einen missmutigen Blick zu. Dort oben geht alles in Sekundenbruchteilen vor sich. Auf ein geheimes Zeichen hin sperren die Jungen ihre Schnäbel auf. Ein Elternteil verabreicht ein Insekt und ist schon wieder weg, bevor ich auf den Auslöser drücken kann. Manchmal erwische ich eine halbe oder viertel Schwalbe beim Füttern. Dieser Vorgang ist übrigens nicht besonders niedlich: Das Elternteil steckt den ganzen Kopf in den »Rachen« des Jungen und stopft die Fliege fast direkt in den Magen. Das entdecke ich erst, als ich die Fotos hinterher genauer betrachte. Manchmal verharrt die Mama (?) so lange am Nestrand, bis ein Junges sein Hinterteil aus dem Nest schiebt und einen weißen Klecks produziert. Den fängt die Mama geschickt auf und lässt ihn irgendwo im Garten fallen. Sie schafft das aber nicht bei jedem Klecks, und so bildet sich unter dem Nest ein Haufen Guano. Die reinlichen Kleinen drehen nämlich immer ihr Hinterteil aus dem Nest, wenn sie »müssen«. Die Bilder von der Nesthygiene sind wissenschaftlich sehr interessant, aber nicht besonders hübsch …

Nach ein paar Tagen probieren die Jungvögel ihre Flügel aus. Sie lassen sie wie Propeller rotieren und flattern wild, aber sie heben noch nicht ab. So gern würde ich den Moment erleben, wenn es losgeht. Nur noch unwillig begleite ich meinen Mann auf Tagesausflügen. Sicher fliegen die sechs gerade dann los, wenn ich irgendein Heimatmuseum besichtigen muss. Während andere junge Vögel im Nistkasten laut zetern, hört man von den Schwalben gar nichts. Manchmal protestiert ein Junges, wenn die Geschwister ihm auf den Rücken steigen. Das Umsortieren im engen Nest wird immer schwieriger. Drei Junge schauen neugierig über den Rand, die anderen liegen unter ihnen. Nicht sehr bequem. Die Eltern locken die Jungen raus, fliegen immer wieder ans Nest, füttern aber nur selten. Jetzt, wo es ernst wird, fliegen sie dicht über meinen Kopf hinweg und schimpfen. Verständnisvoll verziehe ich mich hinter die Mülltonne.

Einen Tag vor unserer Heimfahrt geht es los. Die vorwitzigste Jungschwalbe fliegt probeweise ein kleines Stück in ein altes Schwalbennest, das in der Nähe hängt. Von dort dreht sie eine Runde über den Hof, eskortiert von einem Kommando erwachsener Flugbegleiter. Anscheinend kommt die ganze Großfamilie zu diesem wichtigen Ereignis. Die Eltern geleiten das Junge zu einem Zaun. Ich schleiche mich an und mache Fotos. Mein nachsichtiger Mann erkennt, dass er erst mal zwei Stunden lang Kreuzworträtsel lösen muss, aber dann will er dringend mit mir eine Radtour machen. Schade. Heute Abend werden die Schwalben auf und davon sein. – Weit gefehlt: Als wir zurückkommen, sitzen alle sechs wieder in ihrem Nest.

Am nächsten Morgen packen wir unsere Sachen. Ich behalte aber die Schwalben im Auge, und tatsächlich machen sie mir die Freude, genau in dieser frühen Stunde loszufliegen. Alle sechs nacheinander. Das Fliegen geht gut, nur das Landen ist schwierig. Der Nesthocker, der anscheinend immer unten lag, braucht eine ganze Weile, ehe er sich zum Abflug entschließt. Die Jungvögel werden von erwachsenen Schwalben geleitet, bis sie sicher gelandet sind. Erst sitzen alle auf dem Gartenzaun und sehen skeptisch bis zuversichtlich in die Welt. Sie sind noch ganz arglos und fliegen vor mir nicht weg. Nach und nach landen sie auf dem Dach der alten Scheune. Ich bin erst beruhigt, als alle sechs in einem hohen Baum sitzen und sich ausgiebig putzen. »Hoffentlich sind sie schneller als der Rotmilan, der übers Ferienhaus segelt.« Ich beneide die nächsten Gäste, die die Flugübungen der jungen Schwalben beobachten können. Wenn sie sie überhaupt bemerken …

Seit ich den Garten und seine Tiere bewirtschafte, fällt es mir allerdings mit den Jahren immer schwerer zu verreisen. Während der langen Winterabende suche ich zwar mit Leidenschaft Ferienhäuser und Hotels für den Sommer, möglichst direkt am Wasser. Ich könnte unentwegt Urlaub planen. Typisch Lehrer, genau. Entweder spielen sie den ganzen Tag lang Tennis oder sind auf Reisen …

Wenn die Reise kurz bevorsteht, werde ich mit jedem Jahr missmutiger. Gerade beginnt im Garten der Rhododendron zu blühen. Wenn wir zurückkommen, ist er längst wieder verwelkt. Im Nistkasten vor der Küche ist ein ganz seltener Vogel eingezogen, den ich nur aus dem Vogelbestimmungsbuch kenne: ein schwarz-weißer Trauerschnäpper. Tagelang hat er sich auf dem Zaun eine Partnerin herbeigesungen und seinen Nistkasten laut und zänkisch gegen zwei Kohlmeisen verteidigt. Er sitzt gern auf dem Gitter am Küchenfenster und schaut uns beim Kochen zu. Wie es im Fachbuch für den Ornithologen heißt, ist er nicht monogam. In einem Gebüsch entdecke ich tatsächlich zwei braune Weibchen mit Laub und Halmen im Schnabel. Und das eine brütet jetzt im Nistkasten direkt vor dem Küchenfenster. Ich möchte unbedingt erleben, wie die Jungen losfliegen.

Ich packe meinen Koffer und habe schlechte Laune. Ich würde viel lieber im Garten bleiben. In diesem Jahr beginnen die Sommerferien bereits im Juni. Eine gute Gelegenheit, in den Süden zu fahren, ohne in der Sonne zu verdörren, dachte ich im November. Unser Ferienhaus steht direkt am Meer. Es hat eine riesige Veranda. Ein paar Stufen – und man kann losschwimmen. Von jedem Zimmer aus sieht man die blaue Adria. Freunde haben uns stapelweise Reiseführer und Landkarten geliehen. Mein Mann hat sämtliche Museen und Ausgrabungen in der Umgebung eruiert. Wir werden in den Karstlandschaften klettern, die Pierre Brice als Winnetou beritten hat. Ich werde andächtig am »Silbersee« stehen, durch den Lex Barker als Old Shatterhand geschwommen ist. Mit dem Bowie-Messer zwischen den Zähnen. Irgendwo in den kroatischen Bergen gibt es auch ein Bären-Reservat. Da muss ich unbedingt hin. Ich kenne nur psychotische Bären im Zoo-Knast.

Aber wenn ich drei Wochen weg bin, versäume ich so viel in Berlin! Nein, keine Fußball-Pokalendspiele oder Freiluftkonzerte. Die Wildkamera zeigt, dass nachts ein Fuchs durch den Garten läuft, der eindeutig Schwangerschaftssymptome aufweist. In dem Fall ausgeprägte Zitzen und einen leichten Hängebauch. Mit Sicherheit werden die Jungfüchse gerade dann aus ihrem Bau kommen und in meinem Garten spielen, wenn ich in der Adria vor mich hin dümple. Die winzige Tannenmeise, die mich derzeit am Frühstückstisch überfällt, wird ihre Jungen nicht mir vorführen, sondern den Nachbarn. Die Blumen werden verblüht und vertrocknet sein. Und wenn es so richtig heiß wird, gibt es keine grüne Magerwiese mehr, sondern nur noch eine braungelbe versengte Fläche. Was wird aus meinen Sämereien »Bunte Blumenwiese« und »Farbexplosion«? Wer füttert meine Vögel? Wer stellt morgens die Wildkamera aus und abends wieder an?

Karen aus Schweden will leider nicht mehr hier wohnen, seit wir zweimal Einbrecher zu Besuch hatten. Die haben zur Freude der Hausratversicherung zwar nichts Besonderes gefunden, auf ihrem Fluchtweg nach draußen aber beide Male die Terrassentüren zu Kleinholz verarbeitet, weil sie den Schlüssel auf dem Regal daneben übersehen haben. Karen wohnt jetzt lieber bei einer anderen Freundin, mitten in der Stadt, im vierten Stock. Ohne Fahrstuhl, aber mit grölenden Touristen und scheppernden Rollkoffern rund um die Uhr.

Mein Bruder wohnt im selben Bezirk wie ich und hat zu den Einbrüchen nur trocken bemerkt: »Tja, jeder ist mal dran.« Da ich als guter Mensch fern jeder Schadenfreude bin, habe ich ihn an diesen fatalistischen Spruch nicht erinnert, als sein Haus ein paar Monate später gründlich ausgeräumt wurde. Er hat jetzt eine teure Alarmanlage, und wenn er mal eben zur Mülltonne geht, ohne sie auszuschalten, kreuzt sofort jemand von der Sicherheitsfirma auf und prüft seine Identität.

»Ich versorge gern Ihr Haus, wenn Sie verreisen«, bietet die neugierige Nachbarin meinem Mann an. Der findet dieses Angebot ganz reizend und versteht nicht, dass ich manchen Leuten keinen Zugang zu meinem Privatleben gewähren möchte. »Was du immer für Ängste hast«, meckert er. Ich besorge mir in »Rudi's Resterampe« (ja, mit Deppen-Apostroph!) eine große Seemannskiste, die man mit einem massiven Vorhängeschloss absperren kann. Darein kommen im nächsten Urlaub meine Tagebücher, Fotoalben und Jugendsünden.

Als wir aus Kroatien zurück sind, erscheinen gleich am ersten Abend zwei junge Füchse im Garten. Sie sind schon relativ groß. Sie sehen uns auf der Terrasse stehen und rennen sofort weg. Wäre ich in Berlin geblieben, hätte ich sie aufwachsen sehen. Ich ärgere mich. Sämtliche Nistkästen sind leer. Alle Stare, die hier in Großfamilien aufgetaucht sind, sind verschwunden. Nur das anhängliche Rotkehlchen ist noch da.

Tierleben findet vor allem nachts statt, wie meine Wildkamera beweist. Ein Waschbär wohnt im Gelände, ein Marder kommt häufig vorbei. Endlich ist auch ein Igel wieder ansässig. Die Fuchsfamilie erscheint gegen zwei Uhr und erzieht ihre zwei Jungen. Und diverse Nachbarskatzen durchstreifen das Gelände.

So schön es in Kroatien oder sonst wo auch ist: Im Frühjahr und Sommer kann man als Gartenbesitzer nicht verreisen. Ich blättere in Prospekten und plane Winterurlaub im Bayerischen Wald oder auf Teneriffa. In den nächsten Sommern werden wir friedlich auf unserer Terrasse sitzen. Die Grundschule gegenüber wird geradezu gespenstische Ruhe ausstrahlen. Wir werden junge Meisen füttern und den jungen Füchsen zusehen, wie sie sich im Garten sonnen. Wir werden überlegen, ob wir einen Froschteich anlegen oder lieber ein paar Hochbeete. Oder wir werden knobeln, wer von uns beiden endlich mal den Kompost siebt, der schon bei unserem Einzug in einer Kiste auf seinen Einsatz wartete.

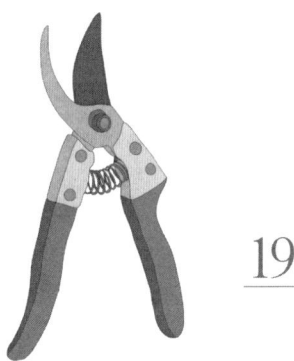

# 19

*Arbeitseinsatz im Schulgarten*

»Was hast du dir bloß dabei gedacht?!« Der Zimmerspringbrunnen beim Schulleiter hat diesmal so gar nichts Besänftigendes. Mein Chef wedelt wütend mit ein paar Blättern herum, die mir bekannt vorkommen: »Schon 20 Schülerinnen haben gestern hier vorgesprochen, weil sie unbedingt an deinem Projekt ›Fallschirmspringen für Mädchen‹ teilnehmen wollen. Eine hat sogar eine perfekte schriftliche Bewerbung abgegeben. Anscheinend haben sie in Arbeitslehre mal aufgepasst!«

Ich drehe mich ein wenig zur Seite, damit der Schulleiter mein zufriedenes Lächeln nicht sieht. Ich hätte ja gern eine Planstelle als Hofnarr, aber leider gibt es so was nicht. Schon lange stört mich, dass unserem Direktor die »Außenwirkung« seiner Schule wichtiger ist als der alltägliche Frondienst. Er liebt Kollegen, die mit ihren Klassen Wettbewerbe der Bäckerei-Innung oder der Sparkasse gewinnen, Ver dienstmedaillen umgehängt bekommen oder lobend in der örtlichen Presse erwähnt werden, egal, wie bedeutungsvoll ihre Erfolge in Wirklichkeit sind.

»Ich wollte doch nur etwas für die Außenwirkung unserer Schule tun«, erkläre ich dem Schulleiter in aller Unschuld, »deshalb habe ich mir ein paar schöne Themen für die nächste Projektwoche überlegt.«

»Und hast sie im Oberstufenbereich ausgehängt!« Der Schulleiter knallt ein Blatt nach dem anderen auf seinen Schreibtisch: »Fallschirmspringen für Mädchen! – Wir bauen ein Floß und fahren nach Amerika! – Wir basteln Instrumente und führen eine Oper auf. – Wir lernen Messerwerfen und Feuerschlucken und treten im Zirkus auf. – Wir üben für erfolgreiche Castings bei Heidi Klum und Dieter Bohlen.«

»Kann ich ahnen, dass unsere Oberstufenschüler das ernst nehmen? Man muss doch auch mal einen Witz machen können. Der Alltag ist ernst genug«, verteidige ich mich.

»Das ist nicht witzig, das ist destruktiv«, faucht der Schulleiter. »Und ich habe auch schon eine blendende Idee, wie du das wiedergutmachen kannst. Die Kollegin, die das Projekt mit dem Schulgarten durchführen wollte, ist krank geworden, und wir haben noch keinen Ersatz. Du buddelst doch neuerdings so gern in der Erde. Ich finde, du bist wie geschaffen für diese Projektgruppe.«

»Ich wusste gar nicht, dass wir einen Schulgarten haben«, entgegne ich. »Wo soll der denn sein? Meinst du etwa die verwilderte Wiese hinter der Cafeteria, wohin die Gören sich gern zum Rauchen verdrücken?«

Der Schulleiter knurrt nur.

»Oje«, fahre ich fort, »in so einem Wildwuchsgebiet gibt es Insekten!« Eine Kollegin ist gerade von einer Klassenfahrt zurückgekommen, bei der ein Schüler von einer Zecke gebissen wurde. Und jetzt will der Kindsvater die Kollegin verklagen, weil sie ihrer Aufsichtspflicht nicht nachgekommen sei.

»Jemand könnte im Schulgarten von einer Mücke oder von einer Ameise angefallen werden!«, warne ich. »Es gibt dort so viele Gefahren: Brennnesseln, Blindschleichen, giftige Kröten, Ambrosia-Samen. Für all die Schäden und Traumata kann ich keine Verantwortung übernehmen.«

»So, es reicht jetzt. Schaufeln und Harken bekommt ihr beim Hausmeister. Die Gärtnerei Buchfink hat uns einen Gutschein über 100 Euro für Blumenerde und Pflanzen gespendet. Nach der Projektwoche will ich blühende Landschaften sehen – und einen detaillierten Arbeitsbericht für unsere Website!« Der Schulleiter stellt seine Dienstzimmerampel auf Grün, und schon erscheint der nächste Kollege im Türrahmen. Mit einem ganz dringenden Gesichtsausdruck. Vermutlich braucht er zwei neue Skatspiele für sein nächstes Schulturnier.

Ich verschwinde. Der Grad meiner Entzückung hält sich in Grenzen. Meine Versuche, Schüler für Natur und Umwelt zu begeistern, sind bisher nicht von großem Erfolg gekrönt worden. Ich erinnere mich an einen Wandertag zur Domäne Dahlem, einem großen Bauernhof mitten in Berlin. Meine Kinder wissen wenig über Tiere und Pflanzen. Wörter wie »Kalb«, »Fohlen« oder »Ferkel« sind ihnen zum Beispiel völlig unbekannt. Die Tiere heißen bei ihnen einfach »Baby-Kuh«, »Baby-Pferd« oder »Baby-Schwein«.

Reihenweise wird es meinen Mädchen und Jungen in den einzelnen Stallungen schlecht, weil es ein wenig nach Tier riecht. Libellen schwirren bedrohlich in der Luft und sammeln sich zum Angriff. Winzige Kampfhunde stellen im benachbarten Wald meiner Klasse nach, sodass ich an jedem Arm vier panische Siebtklässler hängen habe.

Meine Hinweise auf das eine oder andere frei lebende Tier werden mit gebremstem Interesse aufgenommen. »Dort, ein Grünspecht. Sieht der nicht wie ein Papagei aus?« Oder: »Hier müssen mindestens 20 Wildschweine gelagert haben. Der ganze Waldboden ist durchwühlt.« Eine Bache mit acht Frischlingen quert den Weg. Die Vorhut der Klasse merkt es gar nicht, weil sie gerade gebannt in Damians Smartphone starrt. Wahrscheinlich hat er eine Wildnis-Überlebens-App. Unterhaltungselektronik ist auf meinen Klassenausflügen verboten. Und schon habe ich ein Handy mehr in meiner Sammlung und einen wütenden Damian hinter mir, der mir am liebsten in die Hacken treten würde. »Schau dir lieber die Natur an. Die Bäume, die Enten, die Eichhörnchen. Ist das nicht schön?« Damian grunzt Unverständliches.

Dass im Berliner Wald sogar Mufflons leben, die man nur selten zu Gesicht bekommt, bewegt meine Klasse auch nicht. Aber dass es um die Ecke eine Burger-Braterei von internationalem Rang gibt, lässt meine Kinder in Begeisterungsstürme ausbrechen. Geduldig warte ich draußen, bis alle ihre Cola, eimerweise Pommes und Pappgebäck haben. »Hier müssten wir an Wandertagen öfter hingehen«, sagt Emma mit leuchtenden Augen und Ketchup am Mund.

»Kann ich jetzt mein Handy wiederhaben? Ich muss meiner Mutter mitteilen, wann wir zurückkommen.« Damian kann so lieb sein, wenn er etwas erreichen will. Er telefoniert hinter einem Baum, aber ganz sicher nicht mit seiner Mutter. Es sei denn, er begrüßt sie mit »Ey, Alter!«.

Mit einer anderen Klasse fahre ich nach Thüringen auf einen Bauernhof. Dort wird beim Kochen, Essen und Wandern nur Englisch gesprochen. Junge Praktikanten aus aller Welt geben vor, kein Deutsch zu können, und zwingen meine Klasse auf diese Weise zum Fremdsprachengebrauch. Eine Gruppe muss täglich die Ziegen und Schafe versorgen. Dazu gehört vor allem das Stallausmisten. Auf Englisch. Deshalb ist Luna in Berlin geblieben. Sie will auf keinen Fall mit Bockmist in Berührung kommen. Sie hat sogar ein Attest beigebracht, das ihr eine Ziegen-Allergie bescheinigt.

Unsere Unterkünfte sind schlicht. In manchen Zimmern leben sogar Fliegen und Spinnen. Markus will sie mit Haarspray bekämpfen, was ich sofort unterbinde: »Du bist für andere vielleicht auch eklig. Haben sie deshalb das Recht, dich umzubringen?« Anschauliche Bilder und Vergleiche sind in der Erziehungsarbeit äußerst wichtig!

Fanny bekommt beim Bezug ihres Gruppenzimmers schweren Reizhusten und Würgeanfälle, weil die Wände nur mit Lehm verputzt sind. Wir müssen mit ihr zum Dorfarzt fahren, der aber nichts findet und uns heimlich Placebo-Lutschbonbons zusteckt. »Wirkt bei hysterischen Kindern Wunder!«

Eine Stunde später geht es Fanny wieder bestens. Da hat sie entdeckt, dass man auf dem Bauernhof auch reiten kann. Das entschädigt für Schlafsack und Lehmwände. Oskar, unser Bodybuilder, übernimmt nun die Funktion der Nervensäge: Er steht hyperventilierend in der Toilette, weil an der Wand eine kleine Spinne baumelt. Ich verstecke meine wahren Gefühle hinter einer professionellen Krankenschwesterfassade und lasse den Knaben langsam in eine Plastiktüte atmen. Dann zeige ich meinen lieben Kleinen, wie man schonend eine Spinne entfernt: Glas drüber, Ansichtskarte drunter, Spinne raustragen und freilassen. Zehn Tage lang werde ich jetzt ständig zum Spinnenentfernen gerufen. Meine Schüler sind außerstande, diese bedrohlichen Tiere einzufangen. Trotz aller Missstände wird es eine gelungene Fahrt. Meine Schüler können jetzt Ahorn, Pfauenauge und Ziege auseinanderhalten und noch dazu korrekt auf Englisch benennen!

Ein halbes Jahr später bittet mich ein charmanter Kollege, ihn auf seiner Klassenfahrt zu begleiten. Ihm fehlt noch eine weibliche Aufsichtsperson. Er schwärmt vom geplanten Waldeinsatz in Niedersachsen. Fahrt und Logis sind frei, dafür müssen seine überaus munteren Schüler dem Förster täglich ein paar Stunden im Wald helfen: Nistkästen bauen, Wiesen von Steinen und gefällte Bäume von Rinde befreien, Hochsitze reparieren, Müll einsammeln, Jungbäume pflanzen. Ich denke an meine Erfahrungen mit pubertierenden Kindern, Insekten und allerlei Ungemach im Wald und entwinde mich mit etlichen Ausreden: »Meine Mutter wird 79! – Ich habe Rückenprobleme und kann nicht mehr auf dem Boden schlafen. – In dem Zeitraum habe ich schon Karten für ein Peter-Maffay-Konzert.« Der Kollege ist heute noch beleidigt.

Zusammen mit solchen Erinnerungen wandere ich zum »Schulgarten«. Ich habe das Gelände noch nie bewusst wahrgenommen, geschweige denn betreten. Ich dachte immer, es gehört dem benachbarten Kleingartenverein »Luft und Liebe«. Den ehemaligen Schuppen benutzt der Cafeteria-Betreiber als Garage und Stellplatz für sein Leergut. Auf keinen Fall werde er ihn für unser Gartengerät räumen, tut er kund.

Ich versuche zu eruieren, wer den Schulgarten einst angelegt hat, und finde eine pensionierte Kollegin, die mir begeistert davon berichtet. Es gab mal einen Froschteich, einen Springbrunnen, eine Kräuterspirale (was ist das???), ein Freiluftklassenzimmer, ertragreiche Hochbeete und ein grünes Labyrinth. In den Sommerferien ist die Kollegin nicht verreist und hat stattdessen den Schulgarten bewässert. Ihr Gemüse wollte im Herbst leider niemand haben. Angeblich war der Boden kontaminiert, und als sie deshalb Hochbeete anlegte, nahmen die Kollegen mit dem Wahlpflichtfach »Gesunde Ernährung« trotzdem keine Zucchini und Tomaten, weil sie gerade Quarkspeisen im Lehrplan hatten.

Leise Verbitterung macht sich bei der Exkollegin bemerkbar: »Ich bekam in einem Schuljahr so viele Oberstufenkurse, dass ich den Schulgarten nicht mehr betreuen konnte. Einer meiner Schüler, eigentlich ein schwieriger Junge, hat weiterhin jede Pause dort wie wild gegraben und gejätet. Er hat in seinen Freistunden sogar einen Geräteschuppen gebaut. Dann brauchte die Schule angeblich ein größeres Fußballfeld, und der Schulgarten wurde verkleinert. Diverse Büsche verschwanden über Nacht. Es heißt, sie stehen jetzt bei Kollege Bechler im Umland. Den Schulgarten übernahm Frau Wächter, seither hat sich nichts mehr getan. Sie besucht mit ihrer Arbeitsgemeinschaft lieber Gartenausstellungen und Schlossparks, möglichst in der Unterrichtszeit. Im Schulgarten klauen nur hin und wieder ein paar Schüler die restlichen Blumen, um sie ihrer Angebeteten zu überreichen. – Ich finde es gut, dass du dich um den Schulgarten kümmern willst!«

Was heißt hier »wollen«? Der Schulleiter hat mich dazu verdonnert.

Am ersten Projekttag begebe ich mich also zum »Wildkräutergelände«. Mit ausreichend Sonnen- und Insektenschutzmittel für zehn Personen. Im Materialraum des Sportbereichs finde ich zwischen all den verbummelten Turnschuhen und Badehosen noch ein paar Basecaps für kahl rasierte Jungmänner. Laut Teilnehmerliste ist meine Gruppe klein und handverlesen. Anscheinend haben einige Klassenlehrer ihre verhaltensoriginellen Schüler einfach dem Schulgartenprojekt zugeteilt. Oder der Schulleiter ist diesmal besonders nachtragend.

Ein paar der Knaben kenne ich aus unerfreulichen Vertretungsstunden: »Sie kommen hier rein wie Humphrey Bogart. Aber Sie kriegen wir auch noch klein!« Erstaunlicherweise sind alle Teilnehmer meines Projekts pünktlich um 9 Uhr erschienen. Warum schwänzen nicht wenigstens zwei, drei, wie sie es sonst gerne tun?

Wir stehen uns gegenüber wie im Western *12 Uhr mittags*. Ich habe allerdings nur einen Spaten in der Hand. Ronny aus der Zehnten wirft seine Kippe weg und fragt: »Und, was geht ab hier?« Ich will nicht gleich mit pädagogischen Kämpfen wegen des Rauchens beginnen und mache den vorsichtigen Vorschlag, erst mal das nötige Werkzeug zu besorgen. Die Delinquenten folgen mir überraschend brav zum Hausmeister und holen sich Schubkarre, Harken und Schaufeln. Der Hausmeister schnauft, als er meine Gefolgschaft sieht, und teilt mir unwirsch mit, dass ich für die ordnungsgemäße Rückgabe des Geräts verantwortlich sei.

Ich erkläre meiner Gruppe, dass der Schulleiter sich blühende Landschaften wünsche. Die Jungen nehmen das hin und schultern ihre Spaten. Ronny will unbedingt sofort ins Gartencenter fahren und den Gutschein einlösen. Ich habe aber Bedenken, dass er mit Bananenstauden und Palmen zurückkommt: »Lass uns das gemeinsam machen, wenn wir das Unkraut beseitigt und alles umgegraben haben.«

Obwohl ich es aus meiner privaten Brache nur zu gut kenne, bin ich erstaunt, was in so einem »Garten« alles wächst, wenn sich niemand darum kümmert. Am ersten Tag renne ich nur von einem »Gärtner« zum nächsten. »Frau Frydrych, ist das Unkraut? Kann das weg?« Ronny fragt mich leider nicht und rupft eine Kolonie Bartnelken und diverse stattliche Farnbüschel aus. Zwei meiner Schüler sind verschwunden. Sie sitzen hinter dem Totholz und machen sich über zwei erntereife Himbeerbüsche her. Die Sonne brennt, wir sind verschwitzt und müde. Aber diese Schüler graben willig weiter. Ronny trägt auf der Handfläche einen winzigen Frosch, den er beim Graben aufgescheucht hat. »Kann ich den mit nach Hause nehmen? Ich will ihn meiner kleinen Schwester zeigen.« Ich überrede ihn, den Frosch wieder freizulassen: »Der will bestimmt zu seiner Mama.« Das sieht Ronny ein.

Was ist hier los? Sind das dieselben Schüler, die sonst nur frech und aufsässig sind? Man kann sich auf einmal ganz normal mit ihnen unterhalten. Ohne Drohungen und Strafmaßnahmen. Erkan erzählt mir vom Garten seiner Oma in der Türkei, von ihren Kirschen und den Auberginen. Brian stellt mir seine Pläne für die Sommerferien vor. Vincent beklagt sich über einen ungerechten Fachlehrer. Ronny, der wie ein Teufel geackert hat, bittet um eine Raucherpause. Und ich? Sage lediglich: »Die Kippe wird aber nicht in den Beeten entsorgt!« Nach fünf Stunden verabschieden sich alle zehn mit Handschlag. »Bis morgen!« Und Brian fügt hinzu: »Hat Spaß gemacht.« Brian gilt als unbeschulbar und sitzt seine Zeit häufig in unserem Trainingsraum ab. Dort verlangen zwei Sozialpädagoginnen, dass er in sich geht und seine Motivationslage überprüft.

Ich rufe irritiert meine Kollegin an, die früher den Schulgarten bewirtschaftet hat: »Wieso sind diese Gören auf einmal so nett? Nehmen die mich auf den Arm?«

»Tja«, meint die Pensionärin, »der Mensch ist im Grunde seines Herzens ein Bauer, ein Gärtner. Gerade die schwierigen Schüler sind oft begeistert, wenn sie körperlich arbeiten und den Erfolg ihrer Bemühungen sofort sehen. Das habe ich all die Jahre erlebt. Kinder, die meinen Unterricht extrem gestört haben und die ich zur Strafe in den Schulgarten bestellt habe, blühten dort förmlich auf. Wir konnten gleichberechtigt miteinander umgehen, ich musste nie schimpfen oder drohen. Nach ihren Garteneinsätzen verhielten sie sich oft auch im Unterricht freundlich und problemlos.« Vielleicht sollte man Mathe und Physik durch Gartenbau ersetzen???

Am dritten Tag treffen wir uns vor dem Gartencenter. »Alles fit im Schritt?«, fragt mich Ronny freundlich. Ich überhöre seinen Morgengruß. Er will witzig sein und weiß vermutlich gar nicht, was er da redet. Wir füllen zwei Einkaufswagen mit Blumenzwiebeln, Ziersteinen, zähen Stauden, Goldfischen und Samen für Radieschen und Petersilie. »Der Gartenzwerg bleibt hier!«, verkünde ich. Dafür schummeln sie mir zwei Plastikenten zum Aufziehen in den Wagen. Unser Einkauf kostet über 200 Euro, dafür reicht der Gutschein nicht. Den Rest übernimmt notgedrungen die Lehrkraft. Ich bin gespannt, was das Finanzamt sagt, wenn ich das als Werbungskosten deklariere. Vermutlich wird der Beamte davon ausgehen, dass ich die Blumenzwiebeln im eigenen Garten versenkt habe.

Am fünften Projekttag werden in der Schule die Ergebnisse präsentiert. Unsere Website-Betreuerin filmt alles, was ihr in die Quere kommt. Der Schulleiter schreitet die einzelnen Gruppen ab, hier und da mit einem wohlwollenden Nicken. »Wo ist denn euer Präsentationsplakat?«, fragt er mich streng. »Für so was hatten wir überhaupt keine Zeit«, entgegne ich. Aber er hat recht. So ein Foto-Vergleich »Vorher – nachher« wäre eindrucksvoll gewesen. Aber der Schulleiter weiß noch ganz gut, wie das Gelände vorher ausgesehen hat. Vertrocknetes und Undefinierbares, Zigarettenkippen und Getränkedosen, jede Menge Müll aus der Cafeteria und der nahen Imbissbude. Jetzt schaukeln Rittersporn und Sommerflieder in der Sonne. Müll und Unkraut sind verschwunden. Das ehemalige Freiluftklassenzimmer ist freigelegt und im wiederbelebten Teich schwimmen fünf Goldfische.

»Wie hast du das mit diesen Chaoten hinbekommen?«, fragt mich der Chef beeindruckt.

Ich antworte mit einem Spruch aus meinem Aphorismenbuch: »Wohl nichts anderes auf der Welt hat eine so beruhigende Wirkung und macht so zufrieden wie das Gärtnern:

jene körperliche Betätigung, die den Geist beruhigt und den Deltamuskel stählt ...«

Unsere Gruppe gewinnt den schulinternen Wettbewerb. Wir dürfen in einer stadtbekannten Eisdiele zuschlagen. Ronny fragt, während er aus Karamell- und Himbeereis eine braune Pampe zusammenrührt: »Kann man das Projekt nicht als Schulfach weitermachen? Wir könnten Bänke aufstellen, einen Springbrunnen bauen, Rosen pflanzen und Obststräucher.« – »Und Hühner halten!« – »Warum nicht gleich Ziegen und Kühe?«, murmle ich. »Ja, genau!« Erkan ist begeistert. »Wir hätten dann unsere eigenen Eier. Wir könnten auch Käse herstellen. Meine Oma in der Türkei kann mir das beibringen.« – »Jetzt spinnt ihr!«, verabschiede ich mich freundlich in den Schulalltag.

Ich gehe noch beim Schulleiter vorbei, um meinen detaillierten Projektbericht abzugeben. Er strahlt mich an, weil er so eine gute Idee hatte: Im nächsten Schuljahr wird mir die Arbeitsgemeinschaft »Schulgarten« übertragen. »Du könntest dann auch im Verwaltungstrakt ein schönes Atrium anlegen, mit Springbrunnen, Bänken und Heckenrosen!« Und mit Hühnern und Ziegen, denke ich.

»Ich weiß nicht so recht, ob ich mich freuen soll«, sage ich am Abend zu meinem Mann. Der liest gerade für einen Oberstufenkurs Voltaire und sagt: »Natürlich freust du dich und übernimmst diese Arbeitsgemeinschaft. Hör mal, was Voltaire dazu sagt! Bei ihm vereinen sich Aufklärung, Pädagogik und Gartenarbeit ganz wunderbar. Er schreibt: ›Lasst uns für unser Glück sorgen, in den Garten gehen und arbeiten!‹«

Tja, wenn Voltaire das sagt!

FSC
www.fsc.org
MIX
Papier aus ver-
antwortungsvollen
Quellen
FSC® C083411

März 2019
DuMont Buchverlag, Köln
Alle Rechte vorbehalten
© 2017 DuMont Buchverlag, Köln
Illustrationen: Kirsten Gattermann
Umschlaggestaltung: Lübbeke Naumann Thoben, Köln
Umschlagillustration: Kirsten Gattermann
Satz: Angelika Kudella, Köln
Gesetzt aus der Granjon
Druck und Verarbeitung: CPI books GmbH, Leck
Gedruckt auf säurefreiem und chlorfrei gebleichtem Papier
Printed in Germany
ISBN 978-3-8321-6490-4

www.dumont-buchverlag.de